Lettres

Madame de Sévigné

Lettres
Choix

Préface de Roger Duchêne

Commentaires et notes
de Jacqueline Duchêne

Le Livre de Poche

Jacqueline Duchêne a collaboré à l'établissement de l'index de la *Correspondance de Mme de Sévigné* à la bibliothèque de la Pléiade. En 1986, elle a reçu le Prix Biguet de l'Académie française pour sa *Françoise de Grignan ou le Mal d'amour*, biographie de la comtesse parue aux Éditions Fayard (1985).

Préface

A en croire La Bruyère, les femmes ont un talent particulier pour les lettres. « Ce sexe va plus loin que le nôtre dans ce genre d'écrire », prétend-il en 1689, dans la quatrième édition de ses *Caractères*. Affirmation surprenante. « Je ne sais, avait-il d'abord reconnu, si l'on pourra jamais mettre dans les lettres plus d'esprit, plus de tour, plus d'agrément et plus de style que l'on en voit dans celles de Balzac et de Voiture. » Ce sont deux hommes qui, au début du siècle, ont connu la gloire par leurs lettres. Mais ils l'ont due, l'un à ses qualités de forme (le tour et le style), l'autre à des talents intellectuels (l'esprit et l'agrément), que l'auteur estime moins que le naturel des lettres de femmes.

Celles des deux hommes célèbres, continue-t-il, « sont vides de sentiments, qui n'ont régné que depuis leur temps, et qui doivent aux femmes leur naissance ». Grâce à elles, le cœur a succédé à l'esprit, et la spontanéité féminine au difficile effort de l'écriture masculine. « Elles trouvent sous leur plume des tours et des expressions qui souvent en nous ne sont l'effet que d'un long travail et d'une pénible recherche. » Au naturel retrouvé de la rhétorique des hommes s'oppose leur naturel spontané : elles sont « heureuses dans le choix des termes », rencontrant sans peine par hasard le mot et le ton justes.

Elles brisent les cadres traditionnels en ne s'astreignant pas à une construction et à une progression régulières : « Elles ont un enchaînement de discours inimitable, qui se suit naturellement et qui n'est lié que par le sens. » Les femmes n'utilisent pas les artifices des discours ordonnés en points et coordonnés par de subtiles transitions. Elles suivent sans complications l'ordre de leurs pensées, ou plutôt de leurs sentiments. Elles laissent parler leur cœur.

On commence, au temps de La Bruyère, à s'intéresser aux belles passions authentiques. On commence à priser la sincérité. Et l'on fait un mérite aux femmes d'avoir compris, mieux que les hommes et avant eux, que la rhétorique des règles ne suffit pas pour les exprimer. Cette nouvelle supériorité, dont l'auteur ne précise pas la raison, leur venait de l'état de la société et de la culture. Si elles s'exprimaient plus spontanément, c'était parce qu'on ne leur avait pas appris, dans les collèges où elles n'étaient pas admises, la belle façon de s'exprimer. Leur créativité demeurait intacte, n'ayant pas été entamée par le dressage de la tradition.

La médaille avait son revers, aperçu par l'auteur des *Caractères*. Il arrive aux dames de faire des fautes contre la langue. « Si les femmes, conclut-il, étaient toujours correctes, j'oserais dire que les lettres de quelques-unes d'entre elles seraient peut-être ce que nous avons dans notre langue de mieux écrit. » Comme la spontanéité féminine, cette relative absence de correction n'est pas le résultat de leur nature, ainsi que La Bruyère semble le croire, mais de leur éducation. On ne leur apprenait pas à écrire. Elles l'apprenaient sur le tas, par la pratique. Celle d'écrire des lettres était la plus facile et la plus répandue.

Les clefs des *Caractères* publiées au XVIIe siècle montrent que l'auteur ne pensait pas à Mme de Sévigné en publiant ce texte, qui allait populariser pendant des siècles l'idée que la lettre est un genre féminin. Seuls ses correspondants savaient alors ses talents d'épistolière. Mais Bussy, qui était l'un d'eux, va dans le sens de La Bruyère. A sa cousine qui avait elle-même remarqué les répétitions de sa lettre du 14 juin, il conseille, dans sa réponse, de ne pas se plaindre d'y être sujette : « Je veux toujours de la justesse dans les pensées, mais quelquefois de la négligence dans les expressions, et surtout dans les lettres qu'écrivent les dames. »

Plus tard, dans un éloge destiné à sa fille, Mme de Coligny, il écrira de même : « Rien n'est plus beau que les lettres de Mme de Sévigné. L'agréable, le badin, le sérieux y sont admirables. On dirait qu'elle est née pour chacun de ces caractères. Elle est naturelle, elle a une noble facilité dans ses expressions et quelquefois une négligence hardie préférable à la justesse des académiciens. » Ce qui fait la singularité du style des femmes en général et de Mme de Sévigné en particulier, c'est qu'il n'est pas « académique ». Sa beauté négligée vient de ce qu'elles savent, mieux que les hommes, dressés par leurs études à un certain mode d'expression, sortir de la platitude et de la beauté régulière.

Bussy ne connaissait pas les lettres de Mme de Sévigné à sa fille, Mme de Grignan. En 1726, Pauline de Simiane, petite-fille de l'épistolière, y vante les mêmes qualités : « Son style négligé et sans liaison est cependant si agréable et si naturel que je ne puis croire qu'il ne plaise infiniment aux gens d'esprit et du monde qui en feront la lecture. » La marquise plaît, selon l'avertissement de l'éditeur, par ce qu'apporte de nouveau une façon d'écrire qui suit sans contrainte le mouvement de la pensée. Elle repose d'un Voiture dont « les lettres ont un ton qui s'éloigne du discours ordinaire. Ce sont des ouvrages d'esprit dans les formes et comme de commande : il n'est pas naturel d'en avoir tant lorsqu'on écrit sans travail, sans étude, en un mot sans vouloir paraître avoir de l'esprit. » La marquise délivre de la lettre masculine travaillée au profit de la lettre féminine spontanée.

La passion qui l'inspire dans ses lettres à Mme de Grignan rend son œuvre encore plus conforme au modèle vanté par La Bruyère. C'est une autre raison de son absence d'art codifié : on ne peut enserrer les débordements du cœur dans une étroite rhétorique. Le *Journal de Trévoux*, rendant compte des premières éditions des *Lettres*, en souligne l'origine affective : « Le fonds inexprimable de tendresse qu'elle se sentait pour sa fille donnait une nouvelle activité et un nouveau brillant à son génie et faisait naître sous sa plume des traits heureux et des saillies lumineuses dont elle s'apercevait d'autant moins qu'elles avaient moins coûté à l'esprit et que le cœur en avait fait tous les frais. » Traits et saillies, le journaliste insiste comme l'éditeur sur le caractère discontinu et imprévisible d'une créativité jaillissante. Mais pour la rattacher à la sensibilité maternelle plus qu'à l'esprit de la femme du monde.

Mme de Sévigné n'était pas un personnage conformiste. Il lui fut parfois reproché d'avoir une conduite « dégingandée ». Elle déteste les étroitesses des bienséances et les fausses pudibonderies. Elle ne refuse pas les gaillardises, et elle aime les originaux. Tout le contraire d'une précieuse, elle se plaît à ce qui est naturel, y compris dans le langage. Gilles Ménage, un de ses amis, se trouvait enrhumé. « Je la suis aussi », répondit-elle. « Il faut dire : "je le suis" », lui répliqua Ménage, qui était grammairien. Elle s'indigna, protestant qu'elle garderait sa façon de parler, craignant sinon de se voir soudain une barbe au menton. Indocile, elle aimait agir, dire et écrire selon son habitude et son goût.

En plein siècle classique, Mme de Sévigné a écrit une œuvre dont les fondements (les élans du cœur) et la réalisation (une écriture de premier jet, sans corrections ni repentirs) sont à mille lieues du classicisme. Elle a dû à sa condition de femme de pouvoir inventer, sans avoir à se soucier des grands modèles, l'instrument dont elle avait besoin pour communiquer avec sa bien-aimée absente. Elle y a parfaitement réussi. Elle ne savait pas qu'elle réalisait ainsi le nouvel idéal de la lettre qu'allait définir La Bruyère. Elle ne savait pas non plus que sa liberté et sa spontanéité s'accorderaient un jour merveilleusement bien avec l'attente des lecteurs d'aujourd'hui.

ROGER DUCHÊNE.

Lettres à madame de Grignan

Il a paru essentiel à une bonne perception de la correspondance de Mme de Sévigné de donner des lettres *complètes* et appartenant à un *ensemble homogène et cohérent*. C'est pourquoi on a délibérément regroupé dans une première partie vingt-trois *lettres entières* écrites pendant la *première séparation de la mère et de la fille*, quand la correspondance cherche et trouve une forme et un ton qu'elle gardera en gros, avec des variantes, pendant les suivantes.

1

A madame de Grignan

A Paris, lundi 2 février 1671.

Puisque vous voulez absolument qu'on vous rende votre petite boîte, la voilà. Je vous conjure de conserver et de recevoir, aussi tendrement que je vous le donne, un petit présent qu'il y a longtemps que je vous destine. J'ai fait retailler le diamant avec plaisir, dans la pensée que vous le garderez toute votre vie. Je vous en conjure, ma chère bonne, et que jamais je ne le voie en d'autres mains que les vôtres. Qu'il vous fasse souvenir de moi et de l'excessive tendresse que j'ai pour vous, et par combien de choses je voudrais vous la pouvoir témoigner en toutes occasions, quoi que vous puissiez croire là-dessus[1].

2

A madame de Grignan

A Paris, vendredi 6 février 1671.

Ma douleur serait bien médiocre si je pouvais vous la dépeindre ; je ne l'entreprendrai pas aussi. J'ai beau chercher ma chère fille, je ne la trouve plus, et tous

---

1. Le don de l'anneau, gage traditionnel de fidélité, marque le caractère affectif et passionné d'une correspondance qui s'ouvre pour exprimer « une excessive tendresse ». La bague figure dans l'inventaire après décès de la comtesse, brillant à une seule pierre estimé 1 200 livres.

14   *Lettres de madame de Sévigné*

les pas qu'elle fait l'éloignent de moi. Je m'en allai
donc à Sainte-Marie[1], toujours pleurant et toujours
mourant. Il me semblait qu'on m'arrachait le cœur et
l'âme, et en effet, quelle rude séparation ! Je demandai
la liberté d'être seule. On me mena dans la chambre
de Mme du Housset, on me fit du feu. Agnès me
regardait sans me parler ; c'était notre marché. J'y
passai jusqu'à cinq heures sans cesser de sangloter ;
toutes mes pensées me faisaient mourir. J'écrivis à
M. de Grignan ; vous pouvez penser sur quel ton.
J'allai ensuite chez Mme de La Fayette, qui redoubla
mes douleurs par la part qu'elle y prit. Elle était seule,
et malade, et triste de la mort d'une sœur religieuse ;
elle était comme je la pouvais désirer. M. de La
Rochefoucauld y vint. On ne parla que de vous, de la
raison que j'avais d'être touchée, et du dessein de
parler comme il faut à *Mélusine*[2]. Je vous réponds
qu'elle sera bien relancée. D'Hacqueville vous rendra
un bon compte de cette affaire. Je revins enfin à huit
heures de chez Mme de La Fayette. Mais en entrant
ici, bon Dieu ! comprenez-vous bien ce que je sentis
en montant ce degré[3] ? Cette chambre où j'entrais
toujours, hélas ! j'en trouvai les portes ouvertes, mais
je vis tout démeublé, tout dérangé, et votre pauvre

---

1. Les religieuses Visitandines, dites aussi filles de Sainte-Marie,
dont l'ordre avait été fondé par Jeanne de Chantal, grand-mère
paternelle de l'épistolière, avaient trois couvents dans Paris. Ce jour-
là, elle avait préféré au monastère familier et proche de son domicile
de la rue Saint-Antoine, celui plus lointain du faubourg Saint-
Jacques, où sa fille avait un temps été pensionnaire.
2. On avait affublé de ce nom d'une mauvaise fée légendaire une
Mme de Marans, amie du groupe, mais qui l'avait trahi en colportant
des médisances sur Mme de Grignan. Voir son portrait après sa
conversion (lettre n° 42).
3. Cet escalier.

petite fille qui me représentait la mienne[1]. Comprenez-vous bien tout ce que je souffris ? Les réveils de la nuit ont été noirs, et le matin je n'étais point avancée d'un pas pour le repos de mon esprit. L'après-dîner se passa avec Mme de La Troche à l'Arsenal. Le soir, je reçus votre lettre, qui me remit dans les premiers transports, et ce soir j'achèverai celle-ci chez M. de Coulanges, où j'apprendrai des nouvelles. Car pour moi, voilà ce que je sais, avec les douleurs de tous ceux que vous avez laissés ici. Toute ma lettre serait pleine de compliments[2], si je voulais.

                                        Vendredi au soir.

J'ai appris chez Mme de Lavardin les nouvelles que je vous mande ; et j'ai su par Mme de La Fayette qu'ils eurent hier une conversation avec *Mélusine*, dont le détail n'est pas aisé à écrire, mais enfin elle fut confondue et poussée à bout par l'horreur de son procédé, qui lui fut reproché sans aucun ménagement. Elle est fort heureuse du parti qu'on lui offre, et dont elle est demeurée d'accord : c'est de se taire très religieusement, et moyennant cela on ne la poussera pas à bout. Vous avez des amis qui ont pris vos intérêts avec beaucoup de chaleur. Je ne vois que des gens qui vous aiment et vous estiment, et qui entrent bien aisément dans ma douleur. Je n'ai voulu aller encore que chez Mme de La Fayette. On s'empresse fort de me chercher et de me vouloir prendre, et je crains cela comme la mort.

---

1. Marie-Blanche, fille de la comtesse, qui avait deux mois et demi, et qu'elle avait laissée à Paris à cause des difficultés d'un voyage de Paris à Aix en hiver.
2. On appelle indifféremment compliments toutes les marques de politesses, félicitations, condoléances, souvenirs, etc.

Je vous conjure, ma chère fille, d'avoir soin de votre santé. Conservez-la pour l'amour de moi, et ne vous abandonnez pas à ces cruelles négligences, dont il ne me semble pas qu'on puisse jamais revenir. Je vous embrasse avec une tendresse qui ne saurait avoir d'égale, n'en déplaise à toutes les autres.

Le mariage de Mlle d'Houdancourt et de M. de Ventadour a été signé ce matin. L'abbé de Chambonnas a été nommé aussi ce matin à l'évêché de Lodève. Madame la Princesse partira le mercredi des Cendres pour Châteauroux, où Monsieur le Prince désire qu'elle fasse quelque séjour. M. de La Marguerie a la place du conseil de M. d'Étampes, qui est mort. Mme de Mazarin arrive ce soir à Paris : le Roi s'est déclaré son protecteur, et l'a envoyé quérir au Lys avec un exempt et huit gardes, et un carrosse bien attelé[1].

Voici un trait d'ingratitude qui ne vous déplaira pas, et dont je veux faire mon profit quand je ferai mon livre sur les grandes ingratitudes. Le maréchal d'Albret a convaincu Mme d'Heudicourt, non seulement d'une bonne galanterie avec M. de Béthune, dont il avait voulu toujours douter, mais d'avoir dit de lui et de Mme Scarron tous les maux qu'on peut s'imaginer. Il n'y a point de mauvais offices qu'elle n'ait tâché de rendre à l'un et à l'autre, et cela est tellement avéré que Mme Scarron ne la voit plus, ni tout l'hôtel de Richelieu[2]. Voilà une femme bien

---

1. Mme de Sévigné ne veut pas finir cette première lettre, où le ton de la correspondance n'est pas encore trouvé, sans donner des nouvelles de gazette. Hortense Mancini, nièce de Mazarin, ne s'entendait pas avec son mari, un peu fou. En décembre 1670, elle avait été exilée au Lys, près de Melun.
2. On retrouvait, à l'hôtel de Richelieu, l'esprit de l'hôtel de Rambouillet, où la maîtresse des lieux s'était formée au temps où elle s'appelait Anne du Vigean. Dans l'intervalle, elle avait été mariée avec le frère aîné du maréchal d'Albret.

abîmée ; mais elle a cette consolation de n'y avoir pas contribué !

3
A madame de Grignan

A Paris, lundi 9 février 1671.

Je reçois vos lettres, ma bonne[1], comme vous avez reçu ma bague. Je fonds en larmes en les lisant ; il semble que mon cœur veuille se fendre par la moitié. Il semble que vous m'écriviez des injures ou que vous soyez malade ou qu'il vous soit arrivé quelque accident, et c'est tout le contraire. Vous m'aimez, ma chère enfant, et vous me le dites d'une manière que je ne puis soutenir sans des pleurs en abondance ; vous continuez votre voyage sans aucune aventure fâcheuse. Et lorsque j'apprends tout cela, qui est justement tout ce qui me peut être le plus agréable, voilà l'état où je suis. Vous vous amusez donc à penser à moi, vous en parlez, et vous aimez mieux m'écrire vos sentiments que vous n'aimez à me les dire. De quelque façon qu'ils me viennent, ils sont reçus avec une tendresse et une sensibilité qui n'est comprise que de ceux qui savent aimer comme je fais. Vous me faites sentir pour vous tout ce qu'il est possible de sentir de tendresse. Mais, si vous songez à moi, ma pauvre bonne, soyez assurée aussi que je pense continuellement à vous. C'est ce que les dévots appellent une pensée habituelle ; c'est ce qu'il faudrait avoir pour Dieu, si l'on faisait son devoir. Rien ne me donne de distraction. Je suis toujours avec vous. Je vois ce

1. Terme d'amitié de Mme de Sévigné envers sa fille. Il semble avoir fait partie d'un jargon familial usuel dans son milieu. Chapelain, poète et ami de la marquise, l'appelle « notre bonne ».

carrosse qui avance toujours et qui n'approchera jamais de moi. Je suis toujours dans les grands chemins. Il me semble que j'ai quelquefois peur qu'il ne verse. Les pluies qu'il fait depuis trois jours me mettent au désespoir. Le Rhône me fait une peur étrange. J'ai une carte devant mes yeux ; je sais tous les lieux où vous couchez. Vous êtes ce soir à Nevers, vous serez dimanche à Lyon, où vous recevrez cette lettre.

Je n'ai pu vous écrire qu'à Moulins par Mme de Guénégaud[1]. Je n'ai reçu que deux de vos lettres ; peut-être que la troisième viendra. C'est la seule consolation que je souhaite ; pour d'autres, je n'en cherche pas. Je suis entièrement incapable de voir beaucoup de monde ensemble ; cela viendra peut-être, mais il n'est pas venu. Les duchesses de Verneuil et d'Arpajon me veulent réjouir ; je les prie de m'excuser encore. Je n'ai jamais vu de si belles âmes qu'il y en a en ce pays-ci. Je fus samedi tout le jour chez Mme de Villars à parler de vous, et à pleurer ; elle entre bien dans mes sentiments. Hier je fus au sermon de Monsieur d'Agen et au salut et chez Mme de Puisieux, chez Monsieur d'Uzès et chez Mme du Puy-du-Fou, qui vous fait mille amitiés. Si vous aviez un petit manteau fourré, elle aurait l'esprit en repos. Aujourd'hui je m'en vais souper au faubourg[2], tête à tête.

---

1. Mme de Sévigné aurait pu écrire le mercredi 4, jour de courrier, une lettre que sa fille aurait reçue à Briare. Mais c'était le jour du départ, et son chagrin l'en a empêchée. Elle n'a écrit que par le courrier suivant, du vendredi, une lettre destinée à rattraper la comtesse à Moulins. Ancienne amie de la marquise, Mme de Guénégaud, femme d'un trésorier de l'épargne compromis dans l'affaire Foucquet, s'était retirée là dans un demi-exil.
2. Le faubourg Saint-Germain, où habite, rue de Vaugirard, Mme de La Fayette, une des plus anciennes amies, et la plus intime, de l'épistolière.

*Marie de Rabutin-Chantal, future madame de Sévigné.
Tableau de Beaubrun.*

Voilà les fêtes de mon carnaval. Je fais tous les jours dire une messe pour vous ; c'est une dévotion qui n'est pas chimérique.

Je n'ai vu Adhémar[1] qu'un moment. Je m'en vais lui écrire pour le remercier de son lit ; je lui en suis plus obligée que vous. Si vous voulez me faire un véritable plaisir, ayez soin de votre santé, dormez dans ce joli petit lit, mangez du potage, et servez-vous de tout le courage qui me manque. Je ferai savoir des nouvelles de votre santé. Continuez à m'écrire. Tout ce que vous avez laissé d'amitié ici est augmenté. Je ne finirais point à vous faire des compliments et à vous dire l'inquiétude où l'on est de votre santé.

Mlle d'Harcourt fut mariée avant-hier ; il y eut un grand souper maigre à toute la famille. Hier un grand bal et un grand souper au Roi, à la Reine, à toutes les dames parées ; c'était une des plus belles fêtes qu'on puisse voir.

Mme d'Heudicourt est partie avec un désespoir inconcevable, ayant perdu toutes ses amies, convaincue de tout ce que Mme Scarron avait toujours défendu, et de toutes les trahisons du monde.

Mandez-moi quand vous aurez reçu mes lettres. Je fermerai tantôt celle-ci.

1. L'un des cadets du comte, le chevalier Joseph, qui porta un temps le patronyme de la famille. Grignan n'est en effet que le nom d'une terre, la plus belle de celles que possédaient les Adhémar de Monteil.

Lundi au soir.

Avant que d'aller au faubourg, je fais mon paquet, et l'adresse à Monsieur l'Intendant à Lyon[1]. La distinction de vos lettres m'a charmée. Hélas ! je la méritais bien par la distinction de mon amitié pour vous.

Mme de Fontevrault fut bénite hier ; MM. les prélats furent un peu fâchés de n'y avoir que des tabourets[2].

Voici ce que j'ai su de la fête d'hier[3]. Toutes les cours de l'hôtel de Guise étaient éclairées de deux mille lanternes. La Reine entra d'abord dans l'appartement de Mme de Guise, fort éclairé, fort paré ; toutes les dames se mirent à genoux autour de la Reine, sans distinction de tabourets. On soupa dans cet appartement ; il y avait quarante dames à table. Le souper fut magnifique. Le Roi vint, et fort gravement regarda tout sans se mettre à table ; on monta en haut, où tout était préparé pour le bal. Le Roi mena la Reine et honora l'assemblée de trois ou quatre courantes, et puis s'en alla souper au Louvre avec sa compagnie ordinaire. Mademoiselle ne voulut point venir à l'hôtel de Guise. Voilà tout ce que je sais.

1. En plus des deux courriers pour la Provence, les mercredi et vendredi, il y en avait un troisième, le lundi, qui s'arrêtait à Lyon. Mme de Sévigné peut donc envoyer ce jour-là une lettre qui y rattrapera sa fille chez François du Gué, intendant de la ville et père de Mme de Coulanges, femme de son cousin germain.

2. Et non des chaises ou des fauteuils. Toute cérémonie est alors réglée par une sévère étiquette, ce qui va rarement sans querelles de rangs, de préséances et d'honneurs.

3. Le mariage d'Henriette d'Harcourt, de la puissante maison de Lorraine, avec le duc de Cadaval, grand seigneur espagnol. Mme de Guise appartenait, par alliance, à la même maison, ayant épousé Louis-Joseph de Lorraine, duc de Guise. Elle était la demi-sœur de Mademoiselle, comme elle fille de Gaston d'Orléans, frère de Louis XIII, dont Mme de Sévigné souligne l'absence. En décembre 1670, la princesse s'était brouillée avec tous les Lorrains.

Je veux voir le paysan de Sully qui m'apporta hier votre lettre[1] ; je lui donnerai de quoi boire. Je le trouve bien heureux de vous avoir vue. Hélas ! comme un moment me paraîtrait, et que j'ai de regret à tous ceux que j'ai perdus ! Je me fais des *dragons*[2] aussi bien que les autres. D'Irval a ouï parler de *Mélusine*. Il dit que c'est bien employé, qu'il vous avait avertie de toutes les plaisanteries qu'elle avait faites à votre première couche, que vous ne daignâtes pas l'écouter, que depuis ce temps-là il n'a point été chez vous. Il y a longtemps que cette créature-là parlait très mal de vous. Mais il fallait que vous en fussiez persuadée par vos yeux.

Et notre Coadjuteur[3], ne voulez-vous pas bien l'embrasser pour l'amour de moi ? N'est-il point encore *Seigneur Corbeau* pour vous ? Je désire avec passion que vous soyez remis comme vous étiez. Hé ! ma pauvre fille ! hé ! mon Dieu ! a-t-on bien du soin de vous ? Il ne faut jamais vous croire sur votre santé. Voyez ce lit que vous ne vouliez point ; tout cela est comme Mme Robinet[4].

1. Utilisation très exceptionnelle d'un messager privé par la comtesse qui a voulu faire en chemin une surprise à sa mère. Les deux femmes doivent d'ordinaire se contenter des courriers postaux.
2. Des soucis dévorants comme des dragons. Nouvel exemple de jargon familial.
3. Jean-Baptiste de Grignan, frère du comte de Grignan et coadjuteur de son oncle, l'évêque d'Arles. Il devait à son teint très sombre son surnom de Seigneur Corbeau. Au lieu de célébrer le mariage de Mlle d'Harcourt comme il le souhaitait, il avait dû quitter Paris sans l'attendre sur les instances de Mme de Grignan, qui ne voulait plus tarder à rejoindre son mari. Mme de Sévigné demande à sa fille s'il continue à lui en faire grise mine.
4. La sage-femme qui aurait dû assister Mme de Grignan à la naissance de Marie-Blanche. Mais la comtesse avait attendu trop longtemps avant de l'appeler. Mme de Sévigné fait de cet épisode le symbole de l'imprévoyance de sa fille.

Adieu, ma chère enfant, l'unique passion de mon cœur, le plaisir et la douleur de ma vie. Aimez-moi toujours ; c'est la seule chose qui me peut donner de la consolation.

4

A madame de Grignan

A Paris, mercredi 11 février 1671.

Je n'en ai reçu que trois, de ces aimables lettres qui me pénètrent le cœur ; il y en a une qui me manque. Sans que je les aime toutes, et que je n'aime point à perdre ce qui me vient de vous, je croirais n'avoir rien perdu. Je trouve qu'on ne peut rien souhaiter qui ne soit dans celles que j'ai reçues. Elles sont premièrement très bien écrites, et de plus si tendres et si naturelles qu'il est impossible de ne les pas croire. La défiance même en serait convaincue. Elles ont ce caractère de vérité que je maintiens toujours, qui se fait voir avec autorité, pendant que le mensonge demeure accablé sous les paroles sans pouvoir persuader ; plus elles s'efforcent de paraître, plus elles sont enveloppées. Les vôtres sont vraies et le paraissent. Vos paroles ne servent tout au plus qu'à vous expliquer et, dans cette noble simplicité, elles ont une force à quoi l'on ne peut résister. Voilà, ma bonne, comme vos lettres m'ont paru. Mais quel effet elles me font, et quelle sorte de larmes je répands, en me trouvant persuadée de la vérité de toutes les vérités que je souhaite le plus sans exception ! Vous pourrez juger par là de ce que m'ont fait les choses qui m'ont donné autrefois des sentiments contraires[1]. Si mes paroles ont la même puissance que les vôtres, il ne faut pas vous en dire davantage ; je suis assurée que mes vérités ont fait en vous leur effet ordinaire.

Mais je ne veux point que vous disiez que j'étais un rideau qui vous cachait[2]. Tant pis si je vous cachais ; vous êtes encore plus aimable quand on a tiré le rideau. Il faut que vous soyez à découvert pour être dans votre perfection ; nous l'avons dit mille fois. Pour moi, il me semble que je suis toute nue, qu'on m'a dépouillée de tout ce qui me rendait aimable. Je n'ose plus voir le monde, et quoi qu'on ait fait pour m'y remettre, j'ai passé tous ces jours-ci comme un loup-garou, ne pouvant faire autrement. Peu de gens sont dignes de comprendre ce que je sens. J'ai cherché ceux qui sont de ce petit nombre, et j'ai évité les autres. J'ai vu Guitaut et sa femme ; ils vous aiment. Mandez-moi un petit mot pour eux. Deux ou trois Grignan me vinrent voir hier matin. J'ai remercié mille fois Adhémar de vous avoir prêté son lit. Nous ne voulûmes point examiner s'il n'eût pas été meilleur pour lui de troubler votre repos que d'en être cause ; nous n'eûmes pas la force de pousser cette folie, et nous fûmes ravis de ce que le lit était bon.

Il nous semble que vous êtes à Moulins aujourd'hui ; vous y recevrez une de mes lettres. Je ne vous ai point écrit à Briare. C'était ce cruel mercredi qu'il fallait écrire ; c'était le propre jour de votre départ. J'étais si affligée et si accablée que j'étais même incapable de

1. La correspondance ne commence pas comme le prolongement d'une parfaite entente entre mère et fille, mais après une période de désaccords, notamment sur la date du départ. Plus que l'affection, elle exprime les orages de la passion.

2. Parmi les sujets de discorde, il y a cette ombre portée sur la fille par une mère trop brillante, et qui souvent cache en voulant protéger.

chercher de la consolation en vous écrivant. Voici donc ma troisième, et ma seconde à Lyon ; ayez soin de me mander si vous les avez reçues. Quand on est fort éloignés, on ne se moque plus des lettres qui commencent par *J'ai reçu la vôtre, etc.* La pensée que vous aviez de vous éloigner toujours, et de voir que ce carrosse allait toujours en delà, est une de celles qui me tourmentent le plus. Vous allez toujours, et comme vous dites, vous vous trouverez à deux cents lieues de moi. Alors, ne pouvant plus souffrir les injustices sans en faire à mon tour, je me mettrai à m'éloigner aussi de mon côté, et j'en ferai tant que je me trouverai à trois cents[1]. Ce sera une belle distance, et ce sera une chose digne de mon amitié que d'entreprendre de traverser la France pour vous aller voir.

Je suis touchée du retour de vos cœurs entre le Coadjuteur et vous. Vous savez combien j'ai toujours trouvé que cela était nécessaire au bonheur de votre vie. Conservez bien ce trésor, ma pauvre bonne. Vous êtes vous-même charmée de sa bonté ; faites-lui voir que vous n'êtes pas ingrate.

Je finirai tantôt[2] ma lettre. Peut-être qu'à Lyon vous serez si étourdie de tous les honneurs qu'on vous y fera[3] que vous n'aurez pas le temps de lire tout ceci. Ayez au moins celui de me mander toujours de vos nouvelles, et comme vous vous portez, et votre aimable visage que j'aime tant, et si vous vous mettez sur ce

1. Mme de Sévigné doit bientôt s'en aller en Bretagne, près de Vitré. Elle mesure assez précisément les distances, en chiffres ronds. La lieue vaut à peu près quatre kilomètres.
2. Bientôt. Mme de Sévigné compense l'absence par la formule de la lettre-journal.
3. Femme du lieutenant général de Provence, Mme de Grignan n'est pas une simple personne privée. D'où les honneurs qu'on lui rend, de plus en plus grands à mesure qu'elle approche du gouvernement de son mari.

diable de Rhône. Vous aurez à Lyon Monsieur de Marseille[1].

Mercredi au soir.

Je viens de recevoir tout présentement votre lettre de Nogent. Elle m'a été donnée par un fort honnête homme, que j'ai questionné tant que j'ai pu. Mais votre lettre vaut mieux que tout ce qui se peut dire. Il était bien juste, ma bonne, que ce fût vous la première qui me fissiez rire, après m'avoir tant fait pleurer. Ce que vous mandez de M. Busche[2] est original ; cela s'appelle des traits dans le style de l'éloquence. J'en ai donc ri, je vous l'avoue, et j'en serais honteuse, si depuis huit jours j'avais fait autre chose que pleurer. Hélas ! je le rencontrai dans la rue, ce M. Busche, qui amenait vos chevaux. Je l'arrêtai, et tout en pleurs je lui demandai son nom ; il me le dit. Je lui dis en sanglotant : « Monsieur Busche, je vous recommande ma fille, ne la versez point ; et quand vous l'aurez menée heureusement à Lyon, venez me voir et me dire de ses nouvelles. Je vous donnerai de quoi boire. » Je le ferai assurément, et ce que vous m'en mandez augmente beaucoup le respect que j'avais déjà pour lui. Mais vous ne vous portez point bien, vous n'avez point dormi ? Le chocolat vous remettra. Mais vous

---

1. Formule usuelle à l'époque pour désigner l'évêque du lieu. Toussaint de Forbin-Janson appartenait à la puissante famille des Forbin, qui rivalisait en Provence avec celle des Adhémar de Grignan. La lutte sera chaude entre l'évêque et le comte, qui l'emportera. Mais l'évêque, en compensation, aura de bonnes ambassades et le bel évêché de Beauvais.

2. Le cocher, prêté avec son carrosse par l'ami d'Hacqueville, pour conduire Mme de Grignan jusqu'à Lyon.

n'avez point de chocolatière ; j'y ai pensé mille fois. Comment ferez-vous[1] ?

Hélas ! ma bonne, vous ne vous trompez pas, quand vous pensez que je suis occupée de vous encore plus que vous ne l'êtes de moi, quoique vous me le paraissiez beaucoup. Si vous me voyiez, vous me verriez chercher ceux qui m'en veulent parler ; si vous m'écoutiez, vous entendriez bien que j'en parle. C'est assez vous dire que j'ai fait une visite d'une heure à l'abbé Guéton[2], pour parler seulement des chemins et de la route de Lyon. Je n'ai encore vu aucun de ceux qui veulent, disent-ils, me divertir, parce qu'en paroles couvertes, c'est vouloir m'empêcher de penser à vous, et cela m'offense. Adieu, ma très aimable bonne, continuez à m'écrire et à m'aimer ; pour moi, mon ange, je suis tout entière à vous.

Ma petite Deville, ma pauvre Golier, bonjour[3]. J'ai un soin extrême de votre enfant. Je n'ai point de lettres de M. de Grignan ; je ne laisse pas de lui écrire.

1. Café et chocolat étaient alors des nouveautés, à moitié considérées comme des remèdes. Comme le premier, le second ne se consommait qu'en liquide.
2. Fils des propriétaires de la maison où Mme de Sévigné logeait, petit-fils d'un banquier lyonnais, d'où sa connaissance des chemins.
3. Femmes au service de la comtesse, qui faisaient le voyage avec elle. On aura noté, dans ce premier groupe de lettres, l'importance de tout ce qui touche à la vie concrète (voyage, courriers, domestiques), signe d'intérêt, qui manifeste d'une autre façon la force des sentiments.

5

A madame de Grignan

A Paris, vendredi 20 février 1671.

Je vous avoue que j'ai une extraordinaire envie de savoir de vos nouvelles. Songez, ma chère bonne, que je n'en ai point eu depuis La Palisse. Je ne sais rien du reste de votre voyage jusqu'à Lyon, ni de votre route jusqu'en Provence. Je me dévore, en un mot ; j'ai une impatience qui trouble mon repos. Je suis bien assurée qu'il me viendra des lettres (je ne doute point que vous ne m'ayez écrit), mais je les attends, et je ne les ai pas. Il faut se consoler, et s'amuser en vous écrivant[1].

Vous saurez, ma petite, qu'avant-hier, mercredi, après être revenue de chez M. de Coulanges, où nous faisons nos paquets les jours d'ordinaire[2], je revins me coucher ; cela n'est pas extraordinaire. Mais ce qui l'est beaucoup, c'est qu'à trois heures après minuit, j'entendis crier au voleur, au feu, et ces cris si près de moi et si redoublés que je ne doutai point que ce ne fût ici. Je crus même entendre qu'on parlait de ma petite-fille ; je ne doutai pas qu'elle ne fût brûlée. Je me levai dans cette crainte, sans lumière, avec un

---

1. Pour passer le temps, pour s'occuper en écrivant. Ce préambule montre dans quel état d'esprit Mme de Sévigné va rédiger, au fil de la plume, le morceau de bravoure qui suit. Elle cherche à calmer son impatience en attendant la lettre de Mme de Grignan, non à écrire une belle lettre destinée à être admirée dans les salons parisiens. Aussitôt écrit, le texte a été porté à la poste et envoyé en Provence, où il n'y a pas, selon elle, de public éclairé. Tout l'art et toute la séduction de la lettre sont destinés à la comtesse, seule digne de les apprécier. D'où le statut ambigu de ces lettres privées, qui ne refusent pas toujours les effets littéraires.

2. Les jours de poste.

tremblement qui m'empêchait quasi de me soutenir.
Je courus à son appartement, qui est le vôtre[1] ; je
trouvai tout dans une grande tranquillité. Mais je vis
la maison de Guitaut toute en feu ; les flammes
passaient par-dessus la maison de Mme de Vauvineux.
On voyait dans nos cours, et surtout chez M. de
Guitaut, une clarté qui faisait horreur. C'étaient des
cris, c'était une confusion, c'étaient des bruits épouvantables, des poutres et des solives qui tombaient. Je
fis ouvrir ma porte ; j'envoyai mes gens au secours.
M. de Guitaut m'envoya une cassette de ce qu'il a de
plus précieux. Je la mis dans mon cabinet, et puis je
voulus aller dans la rue pour bayer comme les autres.
J'y trouvai M. et Mme de Guitaut quasi nus, Mme de
Vauvineux, l'ambassadeur de Venise, tous ses gens, la
petite de Vauvineux qu'on portait tout endormie chez
l'Ambassadeur, plusieurs meubles et vaisselles d'argent
qu'on sauvait chez lui. Mme de Vauvineux faisait
démeubler. Pour moi, j'étais comme dans une île,
mais j'avais grand-pitié de mes pauvres voisins.
Mme Guéton et son frère donnaient de très bons
conseils[2]. Nous étions tous dans la consternation ; le
feu était si allumé qu'on n'osait en approcher, et l'on
n'espérait la fin de cet embrasement qu'avec la fin de
la maison de ce pauvre Guitaut. Il faisait pitié. Il
voulait aller sauver sa mère, qui brûlait au troisième
étage ; sa femme s'attachait à lui, qui le retenait avec
violence. Il était entre la douleur de ne pas secourir sa

1. Celui où habitait Mme de Grignan, au premier étage.
2. Les Guitaut étaient locataires d'un immeuble correspondant à
l'actuel nº 4 de la rue de Thorigny. Les flammes, qui passaient par-
dessus la maison de Mme de Vauvineux (nº 6), éclairaient la cour
de l'hôtel où habitait Mme de Sévigné (nº 8, en retrait). Les Guitaut
sont recueillis par les Guéton (nº 10), ses propriétaires. Le logement
de l'ambassadeur de Venise se trouvait au nº 5 (actuel hôtel Salé).

mère et la crainte de blesser sa femme[1], grosse de cinq mois. Il faisait pitié. Enfin, il me pria de tenir sa femme ; je le fis. Il trouva que sa mère avait passé au travers de la flamme et qu'elle était sauvée. Il voulut aller retirer quelques papiers ; il ne put approcher du lieu où ils étaient. Enfin il revint à nous dans cette rue, où j'avais fait asseoir sa femme.

Des capucins, pleins de charité et d'adresse, travaillèrent si bien qu'ils coupèrent le feu[2]. On jeta de l'eau sur les restes de l'embrasement, et enfin

Le combat finit faute de combattants

c'est-à-dire après que le premier et second étage de l'antichambre et de la petite chambre et du cabinet, qui sont à main droite du salon, eurent été entièrement consommés. On appela bonheur ce qui restait de la maison, quoiqu'il y ait pour le pauvre Guitaut pour plus de dix mille écus de perte, car on compte de faire rebâtir cet appartement, qui était peint et doré. Il y avait aussi plusieurs beaux tableaux à M. Le Blanc, à qui est la maison ; il y avait aussi plusieurs tables, et miroirs, miniatures, meubles, tapisseries. Ils ont grand regret à des lettres ; je me suis imaginé que c'étaient des lettres de Monsieur le Prince[3]. Cependant, vers les cinq heures du matin, il fallut songer à Mme de Guitaut. Je lui offris mon lit, mais Mme Guéton la mit dans le sien, parce qu'elle a plusieurs chambres

1. Se blesser, pour une femme : faire une fausse couche. Guitaut craint que la peur ne fasse accoucher sa femme prématurément.
2. Les capucins de la rue d'Orléans tenaient le rôle de nos pompiers, qui n'existaient pas. Mais leurs moyens étaient rudimentaires. Ils ne disposaient d'aucune pompe à incendie, même à main.
3. Le prince de Condé, dont Guitaut avait été le fidèle serviteur pendant la Fronde, mais il était alors quasi en procès avec lui ; d'où l'importance des pièces dont Mme de Sévigné pense qu'il craint la destruction.

meublées. Nous la fîmes saigner. Nous envoyâmes
quérir Boucher ; il craint bien que cette grande émo-
tion ne la fasse accoucher devant les neuf jours (c'est
grand hasard s'il ne vient). Elle est donc chez cette
pauvre Mme Guéton ; tout le monde les vient voir, et
moi je continue mes soins, parce que j'ai trop bien
commencé pour ne pas achever.

Vous m'allez demander comment le feu s'était mis
à cette maison ; on n'en sait rien. Il n'y en avait point
dans l'appartement où il a pris. Mais si on avait pu
rire dans une si triste occasion, quels portraits n'aurait-
on point faits de l'état où nous étions tous ? Guitaut
était nu en chemise, avec des chausses[1]. Mme de
Guitaut était nu-jambes, et avait perdu une de ses
mules de chambre. Mme de Vauvineux était en petite
jupe, sans robe de chambre. Tous les valets, tous les
voisins, en bonnets de nuit. L'Ambassadeur était en
robe de chambre et en perruque, et conserva fort bien
la gravité de la Sérénissime[2]. Mais son secrétaire était
admirable. Vous parlez de la poitrine d'Hercule !
vraiment, celle-ci était bien autre chose. On la voyait
tout entière ; elle est blanche, grasse, potelée, et surtout
sans aucune chemise, car le cordon qui la devait
attacher avait été perdu à la bataille. Voilà les tristes
nouvelles de notre quartier. Je prie M. Deville[3] de
faire tous les soirs une ronde pour voir si le feu est
éteint partout ; on ne saurait avoir trop de précaution
pour éviter ce malheur. Je souhaite, ma bonne, que
l'eau[4] vous ait été favorable. En un mot, je vous

1. « La partie inférieure de l'habit d'un homme, qui lui couvre
les fesses, le ventre et les cuisses » (*Dictionnaire* de Furetière, 1690).
2. On disait traditionnellement la Sérénissime République pour
désigner Venise.
3. Jean Deville, alors maître d'hôtel des Grignan.
4. Le Rhône, sur lequel Mme de Grignan s'est embarquée à Lyon
pour poursuivre son voyage vers Avignon et Arles.

souhaite tous les biens et prie Dieu qu'il vous garantisse de tous les maux.

M. de Ventadour devait être marié jeudi, c'est-à-dire hier ; il a la fièvre. La maréchale de La Mothe a perdu pour cinq cents écus de poisson.

Mérinville se marie avec la fille de feu Launay Gravé et de Mme de Piennes. Elle a deux cent mille francs ; Monsieur d'Albi nous assurait qu'il en méritait cinq cent mille[1], mais il est vrai qu'il aura la protection de M. et Mme de Piennes, qui assurément ne se brouilleront point à la cour.

J'ai vu tantôt Monsieur d'Uzès[2] chez Mme de Lavardin ; nous avons parlé sans cesse de vous. Il m'a dit que votre affaire aux États[3] serait sans difficulté ; si cela est, Monsieur de Marseille ne la gâtera pas. Il faut en venir à bout, ma petite. Faites-y vos derniers efforts ; ménagez Monsieur de Marseille, que le Coadjuteur fasse bien son personnage, et me mandez comme tout cela se passera. J'y prends un intérêt que vous imaginez fort aisément.

Tantôt, à table chez Monsieur du Mans[4], Courcelles a dit qu'il avait eu deux bosses à la tête, qui l'empêchaient de mettre une perruque. Cette sottise nous a

1. Quand la fille de Mme de Sévigné avait failli épouser Charles de Mérinville en 1666. Trois ans plus tard, elle apporta 300 000 livres de dot à Grignan, mais elle n'avait aucune influence à la cour. Le mariage est un établissement, dans lequel l'argent et le crédit sont également pris en compte.

2. Jacques de Grignan, évêque d'Uzès, frère de l'archevêque d'Arles et oncle du comte de Grignan.

3. A l'assemblée des communautés de Provence, à Lambesc, où Grignan et Forbin allaient mesurer leur influence respective à l'occasion du vote d'une gratification que demandait le lieutenant général pour l'entretien de ses gardes. Il l'obtint malgré l'opposition de Forbin-Janson, l'évêque de Marseille.

4. L'évêque du Mans, un Lavardin, beau-frère de l'amie de Mme de Sévigné.

tous fait sortir de table, avant qu'on eût achevé de manger du fruit, de peur d'éclater à son nez. Un peu après, d'Olonne est arrivé[1]. M. de La Rochefoucauld m'a dit : « Madame, ils ne peuvent pas tenir tous deux dans cette chambre », et en effet, Courcelles est sorti.

Au reste, cette vision qu'on avait voulu donner au Coadjuteur, qu'il y aurait un diamant[2] pour celui qui ferait les noces de sa cousine, était une vision fort creuse ; il n'a pas eu davantage que celui qui a fait les fiançailles. J'en ai été fort aise. D'Hacqueville avait oublié de mettre ceci dans sa lettre[3].

Je ne puis suffire à tous ceux qui vous font des baisemains. Cela est immense, c'est Paris, c'est la cour, c'est l'univers. Mais La Troche veut être distinguée, et Lavardin.

Voilà bien des *lanternes*[4], ma pauvre bonne. Mais toujours vous dire que je vous aime, que je ne songe qu'à vous, que je ne suis occupée que de ce qui vous touche, que vous êtes le charme de ma vie, que jamais personne n'a été aimée si chèrement que vous, cette répétition vous ennuierait. J'embrasse mon cher Grignan et mon Coadjuteur.

Je n'ai point encore reçu mes lettres. M. de Cou-

1. Courcelles et d'Olonne étaient deux cocus notoires.
2. Un cadeau. D'où son mécontentement d'avoir quitté Paris sans avoir fait le mariage de Mme d'Harcourt.
3. Mme de Sévigné n'est pas la seule correspondante de la comtesse. Pour les nouvelles et les sujets qu'elle n'a pas envie de traiter elle-même, elle se décharge sur des amis, comme d'Hacqueville, qui fait quasi profession d'aider et d'informer les gens.
4. « Au pluriel, se dit des discours, des choses de néant » (Furetière, qui rapproche ce sens du mot de l'expression bien connue : prendre des vessies pour des lanternes). Cette déclaration finale complète ce qui a été dit sur la lettre « amusement ». On ne dit pas l'amour seulement en parlant d'amour, mais par le plaisir que l'on prend à bavarder (ici par écrit) avec celui que l'on aime.

langes a les siennes et je sais, ma bonne, que vous êtes
arrivée à Lyon en bonne santé et plus belle qu'un
ange, à ce que dit M. du Gué[1].

6

A madame de Grignan

A Paris, mardi 3 mars 1671.

Si vous étiez ici, ma chère bonne, vous vous
moqueriez de moi ; j'écris de provision[2]. Mais c'est
une raison bien différente de celle que je vous donnais
pour m'excuser. C'était parce que je ne me souciais
guère de ces gens-là, et que dans deux jours je n'aurais
pas autre chose à leur dire. Voici tout le contraire ;
c'est que je me soucie beaucoup de vous, que j'aime à
vous entretenir à toute heure, et que c'est la seule
consolation que je puisse avoir présentement.

Je suis aujourd'hui toute seule dans ma chambre,
par l'excès de ma mauvaise humeur. Je suis lasse de
tout ; je me suis fait un plaisir de dîner ici, et je m'en
fais un de vous écrire hors de propos. Mais, hélas !
ma bonne, vous n'avez pas de ces loisirs-là. J'écris
tranquillement, et je ne comprends pas que vous
puissiez lire de même. Je ne vois pas un moment où
vous soyez à vous. Je vois un mari qui vous adore,
qui ne peut se lasser d'être auprès de vous, et qui peut
à peine comprendre son bonheur. Je vois des harangues,
des infinités de compliments, de civilités, des visites.
On vous fait des honneurs extrêmes[3] ; il faut répondre

1. De Lyon, où il est intendant, dans la lettre qu'il a écrite à sa
fille et à son gendre.
2. Je commence ma lettre avant le jour du courrier.
3. En sa qualité de femme du lieutenant général, officiellement
accueillie dans les divers lieux où elle passe pour la première fois.

à tout cela. Vous êtes accablée ; moi-même, sur ma
petite boule[1], je n'y suffirais pas. Que fait votre paresse[2]
pendant tout ce tracas ? Elle souffre, elle se retire dans
quelque petit cabinet, elle meurt de peur de ne plus
retrouver sa place ; elle vous attend dans quelque
moment perdu pour vous faire au moins souvenir
d'elle et vous dire un mot en passant. « Hélas ! dit-
elle[3], mais vous m'oubliez. Songez que je suis votre
plus ancienne amie ; celle qui ne vous ai jamais
abandonnée, la fidèle compagne de vos plus beaux
jours ; celle qui vous consolais de tous les plaisirs, et
qui même quelquefois vous les faisais haïr ; celle qui
vous ai empêchée de mourir d'ennui et en Bretagne et
dans votre grossesse. Quelquefois votre mère troublait
nos plaisirs, mais je savais bien où vous reprendre.
Présentement je ne sais plus où j'en suis ; la dignité et
l'éclat de votre mari me fera périr[4], si vous n'avez
soin de moi. » Il me semble que vous lui dites en
passant un petit mot d'amitié ; vous lui donnez quelque
espérance de la posséder à Grignan. Mais vous passez
vite, et vous n'avez pas le loisir d'en dire davantage.
Le Devoir et la Raison sont autour de vous, qui ne
vous donnent pas un moment de repos. Moi-même,
qui les ai toujours tant honorées[5], je leur suis contraire,

1. Expression à rapprocher du familier « perdre la boule ». Mme de
Sévigné jure sur sa tête qu'elle perdrait patience elle aussi dans les
cérémonies.
2. Mme de Sévigné appelle paresse la façon dont sa fille supportait
sans réagir et sans rien dire, avec une indifférence apparente, les
situations désagréables qu'elle ne pouvait pas empêcher.
3. On appelle prosopopée cette figure de style qui consiste à faire
parler un être inanimé ou une qualité morale, ici la paresse.
4. Latinisme : l'accord du verbe se fait ici avec le sujet le plus
rapproché.
5. Ce féminin et les deux qui suivent sous-entendent un mot
comme « figures » ou « allégories », résumant « le Devoir et la
Raison ».

et elles me le sont ; le moyen qu'elles vous donnent le
temps de lire de telles *lanterneries*[1] ?

Je vous assure, ma chère bonne, que je songe à vous
continuellement, et je sens tous les jours ce que vous
me dîtes une fois, qu'il ne fallait point appuyer sur ces
pensées. Si l'on ne glissait pas dessus, on serait
toujours en larmes, c'est-à-dire moi[2]. Il n'y a lieu dans
cette maison qui ne me blesse le cœur. Toute votre
chambre me tue ; j'y ai fait mettre un paravent tout
au milieu, pour rompre un peu la vue d'une fenêtre
sur ce degré par où je vous vis monter dans le carrosse
de d'Hacqueville, et par où je vous rappelai. Je me
fais peur quand je pense combien alors j'étais capable
de me jeter par la fenêtre, car je suis folle quelquefois ;
ce cabinet, où je vous embrassai sans savoir ce que je
faisais ; ces Capucins, où j'allai entendre la messe ; ces
larmes qui tombaient de mes yeux à terre, comme si
c'eût été de l'eau qu'on eût répandue ; Sainte-Marie,
Mme de La Fayette, mon retour dans cette maison,
votre appartement, la nuit et le lendemain[3] ; et votre
première lettre, et toutes les autres, et encore tous les
jours, et tous les entretiens de ceux qui entrent dans
mes sentiments. Ce pauvre d'Hacqueville est le premier ; je n'oublierai jamais la pitié qu'il eut de moi.
Voilà donc où j'en reviens : il faut glisser sur tout
cela, et se bien garder de s'abandonner à ses pensées

1. Lanterneries reprend péjorativement les lanternes de la fin de
la lettre du 20 février (n° 5).
2. L'affirmation qu'il faut glisser sur les pensées est paradoxalement encadrée de deux développements où Mme de Sévigné laisse
aller son imagination et exhale sa douleur. La contradiction entre la
volonté de retenue et le besoin d'exprimer les sentiments est une
structure fondamentale des *Lettres*.
3. Saisissant raccourci, un mois après, de ce qui a été rapporté
plus en détail dans la première lettre. Toute correspondance régulière
entraîne de tels retours en arrière, engendrant un art de la variation
autour des mêmes thèmes.

et aux mouvements de son cœur. J'aime mieux m'occuper de la vie que vous faites présentement ; cela me fait une diversion, sans m'éloigner pourtant de mon sujet et de mon objet, qui est ce qui s'appelle poétiquement l'objet aimé. Je songe donc à vous, et je souhaite toujours de vos lettres. Quand je viens d'en recevoir, j'en voudrais bien encore. J'en attends présentement, et reprendrai ma lettre quand j'en aurai reçu. J'abuse de vous, ma chère bonne. J'ai voulu aujourd'hui me permettre cette lettre d'avance ; mon cœur en avait besoin. Je n'en ferai pas une coutume.

Mercredi 4 mars.

Ah ! ma bonne, quelle lettre ! quelle peinture de l'état où vous avez été ! et que je vous aurais mal tenu ma parole, si je vous avais promis de n'être point effrayée d'un si grand péril ! Je sais bien qu'il est passé, mais il est impossible de se représenter votre vie si proche de sa fin, sans frémir d'horreur. Et M. de Grignan vous laisse conduire la barque ! et quand vous êtes téméraire, il trouve plaisant de l'être encore plus que vous ! Au lieu de vous faire attendre que l'orage fût passé, il veut bien vous exposer, et vogue la galère ! Ah mon Dieu ! qu'il eût été bien mieux d'être timide, et de vous dire que si vous n'aviez point de peur, il en avait, lui, et ne souffrirait point que vous traversassiez le Rhône par un temps comme celui qu'il faisait ! Que j'ai de la peine à comprendre sa tendresse en cette occasion ! Ce Rhône qui fait peur à tout le monde ! Ce pont d'Avignon où l'on aurait tort de passer en prenant de loin toutes ses mesures ! Un tourbillon de vent vous jette violemment sous une arche ! Et quel miracle que vous n'ayez pas été brisée et noyée dans un moment ! Ma bonne, je ne soutiens pas cette pensée ; j'en frissonne, et m'en suis réveillée avec des sursauts dont je ne suis pas la maîtresse. Trouvez-vous toujours que le Rhône ne soit que de l'eau ? De bonne foi, n'avez-vous point été effrayée d'une mort si proche et si inévitable ? avez-vous trouvé ce péril d'un bon goût ? une autre fois, ne serez-vous point un peu moins hasardeuse ? une aventure comme celle-là ne vous fera-t-elle point voir les dangers aussi terribles qu'ils sont ? Je vous prie de m'avouer ce qui vous en est resté. Je crois du moins que vous avez rendu grâce à Dieu de vous avoir sauvée. Pour moi, je suis persuadée que les messes que j'ai fait dire tous les jours pour vous ont fait ce miracle.

C'est à M. de Grignan que je me prends. Le Coadjuteur a bon temps, il n'a été grondé que pour la montagne de Tarare[1] ; elle me paraît présentement comme les pentes de Nemours. M. Busche m'est venu voir tantôt et rapporter des assiettes. J'ai pensé l'embrasser en songeant comme il vous a bien menée. Je l'ai fort entretenu de vos faits et gestes, et puis je lui ai donné de quoi boire un peu à ma santé. Cette lettre vous paraîtra bien ridicule ; vous la recevrez dans un temps où vous ne songerez plus au pont d'Avignon. Mais j'y pense, moi, présentement ! C'est le malheur des commerces si éloignés : toutes les réponses paraissent rentrées de pique noire[2]. Il faut s'y résoudre, et ne pas même se révolter contre cette coutume ; cela est naturel, et la contrainte serait trop grande d'étouffer toutes ses pensées. Il faut entrer dans l'état naturel où

---

1. Avant l'arrivée à Lyon, quand Jean-Baptiste de Grignan ne s'était pas opposé à la témérité de sa belle-sœur, qui avait voulu passer cette montagne malgré la nuit tombante.
2. Métaphore tirée du jeu de cartes. Elle souligne une caractéristique de la lettre : le décalage temporel (le temps de l'écriture n'y est pas celui de la lecture) y entraîne un risque de décalage dans les sentiments.

l'on est, en répondant à une chose qui vous tient au cœur. Résolvez-vous donc à m'excuser souvent.

J'attends des relations de votre séjour à Arles. Je sais que vous y aurez trouvé bien du monde ; à moins que les honneurs, comme vous m'en menacez, changent les mœurs, je prétends de plus grands détails. Ne m'aimez-vous point de vous avoir appris l'italien ? Voyez comme vous vous en êtes bien trouvée avec ce vice-légat ; ce que vous dites de cette scène est excellent. Mais que j'ai peu goûté le reste de votre lettre ! Je vous épargne mes éternels recommencements sur le pont d'Avignon. Je ne l'oublierai de ma vie, et suis plus obligée à Dieu de vous avoir conservée dans cette occasion que de m'avoir fait naître, sans comparaison.

7

A madame de Grignan

A Paris, ce vendredi 24 avril 1671.

Voilà le plus beau temps du monde. Il commença dès hier après des pluies épouvantables. C'est le bonheur du Roi, il y a longtemps que nous l'avons observé, et c'est, pour cette fois, aussi le bonheur de Monsieur le Prince, qui a pris ses mesures à Chantilly pour l'été et pour le printemps[1] ; la pluie d'avant-hier aurait rendu toutes ces dépenses ridicules. Sa Majesté y arriva hier au soir ; elle y est aujourd'hui. D'Hacqueville y est allé ; il vous fera une relation[2] à son retour. Pour moi, j'en attends une petite ce soir, que je vous enverrai avec cette lettre, que j'écris le matin

1. Condé, dans son château de Chantilly, a tout organisé (« pris ses mesures ») en supposant un temps de saison (« le printemps ») ou même d'été, c'est-à-dire sans pluie.
2. Voir, sur ce mot, la note 1 de la lettre suivante, p. 45.

avant que d'aller en *Bavardin*[1] ; je ferai mon paquet
au faubourg. Si l'on dit, ma bonne, que nous parlons
dans nos lettres de la pluie et du beau temps, on aura
raison ; j'en ai fait d'abord un assez grand chapitre.

Vous ne me parlez point assez de vous ; j'en suis
avide, comme vous l'êtes de folies[2]. Je vous souhaite
toutes celles que j'entends. Pour celles que je dis, elles
ne valent plus rien depuis que vous ne m'aidez plus ;
vous m'en inspirez, et quelquefois aussi je vous en
inspire. C'est une longue tristesse, et qui se renouvelle
souvent, que d'être loin d'une personne comme vous.
J'ai dit des adieux depuis quelques jours ; on trouve
bien de la constance. Ce qui est plaisant, c'est que je
sentirai que je n'en aurai point pour vous dire adieu
d'ici en partant pour la Bretagne. Vous serez mon
adieu sensible, dont je pourrais, si j'étais une friponne,
faire un grand honneur à mes amies, mais on voit
clair au travers de mes paroles, et je ne veux pas
même en mettre aucune au-devant des sentiments que
j'ai pour vous. Je serai donc touchée de voir que ce
n'est pas assez d'être à deux cents lieues de vous ; il
faut que je sois à trois cents, et tous les pas que je
ferai, ce sera sur cette troisième centaine[3]. C'est trop ;
cela me serre le cœur.

L'abbé Têtu entra hier chez Mme de Richelieu
comme j'y étais ; il était d'une gaillardise qui faisait
honte à ses amis éloignés. Je lui parlai de mon voyage ;
ma bonne, il ne changea point de ton, et d'un visage

1. Jeu de mot. Elle va aller aux nouvelles chez ses amis Lavardin.
Puis elle fermera sa lettre chez Mme de La Fayette, au faubourg
Saint-Germain.
2. De plaisanteries. C'est le sens du mot dans l'expression dire
des folies. Mme de Grignan aime que sa mère lui en écrive. Les
deux femmes s'accordent facilement sur le plan de l'esprit.
3. A l'intérieur de cette troisième centaine, en plus des deux cents
lieues précédentes.

riant : « Eh bien ! madame, me dit-il, nous nous reverrons. » Cela n'est point plaisant à écrire, mais il le fut à entendre ; nous en rîmes fort. Enfin ce fut là son unique pensée ; il passa légèrement sur toute mon absence, et ne trouva que ce mot à me dire. Nous nous en servons présentement dans nos adieux, et je m'en sers moi-même intérieurement en songeant à vous. Mais ce n'est pas si gaiement, et la longueur de l'absence n'est pas une circonstance que j'oublie.

J'ai acheté pour me faire une robe de chambre une étoffe comme votre dernière jupe. Elle est admirable. Il y a un peu de vert, mais le violet domine ; en un mot, j'ai succombé. On voulait me la faire doubler de couleur de feu, mais j'ai trouvé que cela avait l'air d'une impénitence finale[1]. Le dessus est la pure fragilité, mais le dessous eût été une volonté déterminée qui m'a paru contre les bonnes mœurs ; je me suis jetée dans le taffetas blanc. Ma dépense est petite. Je méprise la Bretagne, et n'en veux faire que pour la Provence, afin de soutenir la dignité d'une merveille entre deux âges, où vous m'avez élevée.

Mme de Ludres me fit l'autre jour des merveilles à Saint-Germain ; il n'y avait nulle distraction[2]. Elle vous aime aussi : *Ah ! pour matame te Grignan, elle est atorable.* Mme de Beringhen était justement auprès de Ludres, qui l'effaçait un peu ; c'est quelque chose d'extraordinaire à mes yeux que sa face[3]. Brancas me conta une affaire que M. de Grignan eut cet hiver avec

1. L'impénitence finale est celle du pécheur qui refuse de se convertir à l'heure de la mort, celle du pécheur endurci. Mme de Sévigné a bien voulu faire un petit péché de coquetterie, pas un gros.
2. Personne qui la détournait de penser à son interlocutrice, comme dans un épisode précédemment raconté où l'arrivée de Tréville absorbe soudain toute son attention.
3. Son aspect.

Monsieur le Premier[1] : « Je suis pour Grignan ; j'ai
vu leurs lettres[2]. » Ce Brancas vous a écrit une grande
diablesse de lettre plaisante mais illisible. Il m'en a
dit des morceaux, nous devons prendre un jour pour
la lire tout entière.

Votre enfant est aimable. Elle a une nourrice parfaite ; elle devient fort bien fontaine : fontaine de lait,
ce n'est pas fontaine de cristal.

M. de Salins a chassé un portier. Je ne sais ce qu'on
dit. On parle de manteau gris, de quatre heures du
matin, de coups de plats d'épée, *et l'on se tait du
reste*[3]. On parle d'un certain apôtre qui en fait d'autres.
Enfin, je ne dis rien ; on ne m'accusera pas de parler.
Pour moi, je sais me taire, Dieu merci ! Si cette fin
vous paraît un peu galimatias, vous ne l'en aimerez
que mieux. Adieu, ma très chère aimable et très chère
mignonne, je vous aime au-delà de ce qu'on peut
imaginer. Tantôt je vous manderai des nouvelles en
fermant mon paquet.

A Paris, ce vendredi au soir, 24 avril 1671,
chez M. de La Rochefoucauld.

Je fais donc ici mon paquet. J'avais dessein de vous
conter que le Roi arriva hier au soir à Chantilly. Il
courut un cerf au clair de la lune ; les lanternes firent
des merveilles. Le feu d'artifice fut un peu effacé par

1. Henri de Beringhen, premier écuyer du roi.
2. Brancas, qui sera le modèle de Ménalque, le distrait de La
Bruyère, était un ami de Grignan, dont il avait fait le mariage avec
Mlle de Sévigné. La querelle dont il parle est vraisemblablement
une de ses distractions, et une « folie » de Mme de Sévigné.
L'essentiel nous en échappe : le lecteur ne peut totalement entrer
dans le secret d'une correspondance privée.
3. Vers du *Cinna* de Corneille. Il s'agit, en termes couverts, d'un
rendez-vous galant dont le héros (le « certain apôtre ») pourrait bien
être Charles de Sévigné, frère de la comtesse.

Madame de Grignan. Portrait par Mignard.

la clarté de notre amie, mais enfin le soir, le souper, le jeu, tout alla à merveille. Le temps qu'il a fait aujourd'hui nous faisait espérer une suite digne d'un si agréable commencement. Mais voici ce que j'apprends en entrant ici, dont je ne puis me remettre, et qui fait que je ne sais plus ce que je vous mande : c'est qu'enfin Vatel, le grand Vatel, maître d'hôtel de M. Foucquet, qui l'était présentement de Monsieur le Prince, cet homme d'une capacité distinguée de toutes les autres, dont la bonne tête était capable de soutenir tout le soin d'un État ; cet homme donc que je connaissais[1], voyant à huit heures, ce matin, que la marée[2] n'était point arrivée, n'a pu souffrir l'affront qu'il a vu qui l'allait accabler, et en un mot, il s'est poignardé. Vous pouvez penser l'horrible désordre qu'un si terrible accident a causé dans cette fête. Songez que la marée est peut-être ensuite arrivée comme il expirait. Je n'en sais pas davantage présentement ; je pense que vous trouverez que c'est assez. Je ne doute pas que la confusion n'ait été grande ; c'est une chose fâcheuse à une fête de cinquante mille écus.

M. de Menars épouse Mlle de La Grange Neuville. Je ne sais comme j'ai le courage de vous parler d'autre chose que de Vatel.

1. Vatel avait été maître d'hôtel de Foucquet jusqu'à son arrestation. C'est là que Mme de Sévigné l'avait connu. Il était maintenant « contrôleur chez Monsieur le Prince ».
2. Le poisson destiné au repas. On est vendredi, jour maigre c'est-à-dire sans viande selon les prescriptions de l'Église catholique.

8

A madame de Grignan

A Paris, ce dimanche 26 avril 1671.

Il est dimanche 26 avril ; cette lettre ne partira que mercredi, mais ce n'est pas une lettre, c'est une relation[1] que vient de me faire Moreuil, à votre intention, de ce qui s'est passé à Chantilly touchant Vatel. Je vous écrivis vendredi qu'il s'était poignardé ; voici l'affaire en détail.

Le Roi arriva jeudi au soir. La chasse, les lanternes, le clair de la lune, la promenade, la collation dans un lieu tapissé de jonquilles, tout cela fut à souhait. On soupa. Il y eut quelques tables où le rôti manqua, à cause de plusieurs dîners où l'on ne s'était point attendu. Cela saisit Vatel. Il dit plusieurs fois : « Je suis perdu d'honneur ; voici un affront que je ne supporterai pas. » Il dit à Gourville[2] : « La tête me tourne, il y a douze nuits que je n'ai dormi. Aidez-moi à donner des ordres. » Gourville le soulagea en ce qu'il put. Ce rôti qui avait manqué, non pas à la table du Roi, mais aux vingt-cinquièmes, lui revenait toujours à la tête. Gourville le dit à Monsieur le Prince. Monsieur le Prince alla jusque dans sa chambre et lui dit : « Vatel, tout va bien ; rien n'était si beau que le souper du Roi. » Il lui dit : « Monseigneur, votre bonté m'achève ; je sais que le rôti a manqué à deux tables. — Point du tout, dit Monsieur le Prince ; ne vous fâchez point : tout va bien. » La nuit vient.

---

1. Opposition très nette entre la lettre, où on va de sujet en sujet, et la relation, nous dirions reportage, récit détaillé d'une seule affaire. Mais la relation que Mme de Sévigné fait à sa fille d'après le récit que vient de lui faire Moreuil change de caractère dans la mesure où elle se transforme en préambule d'une longue lettre-journal.
2. Gourville tenait les comptes de la maison de Condé.

Le feu d'artifice ne réussit pas ; il fut couvert d'un nuage. Il coûtait seize mille francs. A quatre heures du matin, Vatel s'en va partout ; il trouve tout endormi. Il rencontre un petit pourvoyeur qui lui apportait seulement deux charges de marée ; il lui demanda : « Est-ce là tout ? » Il lui dit : « Oui, monsieur. » Il ne savait pas que Vatel avait envoyé à tous les ports de mer. Il attend quelque temps ; les autres pourvoyeurs ne viennent point. Sa tête s'échauffait ; il croit qu'il n'aura point d'autre marée. Il trouve Gourville et lui dit : « Monsieur, je ne survivrai pas à cet affront-ci ; j'ai de l'honneur et de la réputation à perdre. » Gourville se moqua de lui. Vatel monte à sa chambre, met son épée contre la porte, et se la passe au travers du cœur, mais ce ne fut qu'au troisième coup, car il s'en donna deux qui n'étaient pas mortels ; il tombe mort. La marée cependant arrive de tous côtés. On cherche Vatel pour la distribuer. On va à sa chambre. On heurte, on enfonce la porte, on le trouve noyé dans son sang. On court à Monsieur le Prince, qui fut au désespoir. Monsieur le Duc[1] pleura ; c'était sur Vatel que roulait tout son voyage de Bourgogne. Monsieur le Prince le dit au Roi fort tristement. On dit que c'était à force d'avoir de l'honneur en sa manière ; on le loua fort. On loua et blâma son courage. Le Roi dit qu'il y avait cinq ans qu'il retardait de venir à Chantilly, parce qu'il comprenait l'excès de cet embarras. Il dit à Monsieur le Prince qu'il ne devait avoir que deux tables et ne se point charger de tout le reste ; il jura qu'il ne souffrirait plus que Monsieur le Prince en usât ainsi. Mais c'était trop tard pour le pauvre Vatel. Cependant Gourville tâche de réparer la perte de Vatel ; elle le fut. On dîna très bien, on fit collation,

---

1. Le fils de Condé, gouverneur de Bourgogne en survivance de son père. Il devait y aller présider les États à sa place.

on soupa, on se promena, on joua, on fut à la chasse. Tout était parfumé de jonquilles, tout était enchanté. Hier, qui était samedi, on fit encore de même. Et le soir, le Roi alla à Liancourt, où il avait commandé un *medianoche*[1] ; il y doit demeurer aujourd'hui.

Voilà ce que Moreuil m'a dit, pour vous mander. Je jette mon bonnet par-dessus les moulins[2], et je ne sais rien du reste. M. d'Hacqueville, qui était à tout cela, vous fera des relations sans doute, mais comme son écriture n'est pas si lisible que la mienne, j'écris toujours. Voilà bien des détails, mais parce que je les aimerais en pareille occasion, je vous les mande.

Commencée à Paris, le lundi 27 avril 1671.

J'ai très mauvaise opinion de vos langueurs. Je suis du nombre des méchantes langues, et je crois tout le pis ; voilà ce que je craignais. Mais, ma chère enfant, si ce malheur se confirme, ayez soin de vous. Ne vous ébranlez point dans ces commencements par votre voyage de Marseille ; laissez un peu établir les choses. Songez à votre délicatesse, et que ce n'est qu'à force de vous être conservée que vous avez été jusqu'au bout[3]. Je suis déjà bien en peine du dérangement que le voyage de Bretagne apportera à notre commerce. Si vous êtes grosse, comptez que je n'ai plus aucun dessein que de faire ce que vous voudrez ; je ferai ma

1. Repas de viande à minuit sonné après un jour maigre.
2. Expression proverbiale pour terminer les contes d'enfants sans leur donner de conclusion.
3. De sa précédente grossesse. Mariée en janvier 1669, Mme de Grignan avait fait une fausse couche en novembre, eu Marie-Blanche en novembre 1670. Elle aura Louis-Provence en novembre 1671. C'est cette succession que Mme de Sévigné considérait comme un malheur, en désaccord sur ce point avec sa fille, qui tenait la fécondité pour un bonheur.

règle de vos désirs, et laisserai tout autre arrangement et toute autre considération à mille lieues de moi.

Je crois que le chapitre de votre frère vous a divertie. Il est présentement en quelque repos. Il voit pourtant Ninon[1] tous les jours, mais c'est un ami. Il entra l'autre jour avec elle dans un lieu où il y avait cinq ou six hommes. Ils firent tous une mine qui la persuada qu'ils le croyaient possesseur. Elle connut leurs pensées, et leur dit : « Messieurs, vous vous trompez si vous croyez qu'il y ait du mal entre nous ; je vous assure que nous sommes comme frère et sœur. » Il est vrai qu'il est comme fricassé. Je l'emmène en Bretagne, où j'espère que je lui ferai retrouver la santé de son corps et de son âme ; nous ménageons, La Mousse et moi, de lui faire faire une bonne confession.

M., Mme de Villars et la petite Saint-Géran sortent d'ici et vous font mille et mille amitiés. Ils veulent la copie de votre portrait qui est sur ma cheminée pour le porter en Espagne[2]. Ma petite enfant a été tout le jour dans ma chambre, parée de ses belles dentelles et faisant l'honneur du logis, ce logis qui me fait tant songer à vous, où vous étiez il y a un an comme prisonnière, ce logis que tout le monde vient voir, que tout le monde admire, et que personne ne veut *louer*[3].

Je soupai l'autre jour chez la marquise d'Huxelles, avec Mme la maréchale d'Humières, Mmes d'Arpajon, de Beringhen, de Frontenac, d'Outrelaise, Raymond et Martin. Vous n'y fûtes point oubliée.

Je vous conjure, ma fille, de me mander sincèrement

1. Ninon de Lenclos, célèbre courtisane, qui avait séduit le beau Charles vingt ans après avoir été la maîtresse du bel Henri de Sévigné, son père.
2. Où Villars, mari d'une amie de Mme de Sévigné, venait d'être nommé ambassadeur.
3. Jeu de mot.

des nouvelles de votre santé, de vos desseins, de ce que vous souhaitez de moi. Je suis triste de votre état ; je crains que vous ne le soyez aussi. Je vois mille chagrins et j'ai une suite de pensées dans ma tête, qui ne sont bonnes ni pour la nuit ni pour le jour.

A Livry, mercredi 29 avril.

Depuis que j'ai écrit ce commencement de lettre, j'ai fait un fort joli voyage. Je partis hier assez matin de Paris. J'allai dîner à Pomponne[1]. J'y trouvai notre bonhomme qui m'attendait ; je n'aurais pas voulu manquer à lui dire adieu. Je le trouvai dans une augmentation de sainteté qui m'étonna ; plus il approche de la mort, et plus il s'épure. Il me gronda très sérieusement et, transporté de zèle et d'amitié pour moi, il me dit que j'étais folle de ne point songer à me convertir ; que j'étais une jolie païenne ; que je faisais de vous une idole dans mon cœur ; que cette sorte d'idolâtrie était aussi dangereuse qu'une autre, quoiqu'elle me parût moins criminelle[2] ; qu'enfin je songeasse à moi. Il me dit tout cela si fortement que je n'avais pas le mot à dire. Enfin, après six heures de conversation très agréable, quoique très sérieuse, je le quittai, et vins ici, où je trouvai tout le triomphe du mois de mai.

> *Le rossignol, le coucou, la fauvette,*
> *Ont ouvert le printemps dans nos forêts.*

1. Pomponne, où logeait son ami Simon Arnauld de Pomponne, se trouvait tout près de Livry. Le « bonhomme » est son père, le célèbre Arnauld d'Andilly, lié à Port-Royal et au jansénisme par toute sa famille. Il avait 82 ans.
2. Tout amour excessif est coupable, même l'amour maternel, puisqu'il fait préférer une créature au créateur.

Je m'y suis promenée tout le soir toute seule. J'y ai retrouvé toutes mes tristes pensées, mais je ne veux plus vous en parler. Ce matin on m'a apporté vos lettres du 22 de ce mois. Qu'elles viennent de loin quand elles arrivent à Paris ! J'ai destiné une partie de cet après-dîner à vous écrire dans le jardin, où je suis étourdie de trois ou quatre rossignols qui sont sur ma tête. Ce soir je m'en retourne à Paris faire mon paquet pour vous l'envoyer.

Il est vrai, ma bonne, qu'il manqua un degré de chaleur à mon amitié, quand je rencontrai la chaîne des galériens[1]. Je devais aller avec eux vous trouver, au lieu de ne songer qu'à vous écrire ; je m'en fais des reproches à moi-même. Que vous eussiez été agréablement surprise à Marseille de me trouver en si bonne compagnie ! Mais vous y allez donc en litière ? quelle fantaisie ! J'ai vu que vous n'aimiez les litières que quand elles étaient arrêtées ; vous êtes bien changée. Je suis entièrement du parti des médisants ; tout l'honneur que je vous puis faire, c'est de croire que jamais vous ne vous fussiez servie de cette voiture, si vous ne m'aviez point quittée et que M. de Grignan fût demeuré dans sa Provence. Que je suis fâchée de ce malheur, mais que je l'ai bien prévu ! Conservez-vous, ma très chère. Songez que la *Guisarde beauté*, ayant voulu se prévaloir d'une heureuse couche, s'est blessée rudement[2] et qu'elle a été trois jours prête à mourir ; voilà un bel exemple. Mme de La Fayette craint toujours pour votre vie à cause de vos perfec-

1. Mme de Sévigné répond ici à sa fille, qui avait elle-même répondu à ce que sa mère lui avait écrit de sa rencontre avec des galériens enchaînés en partance pour l'arsenal des galères de Marseille. La correspondance est dialogue. Mais nous n'entendons qu'une voix en raison de la destruction des lettres de Mme de Grignan.
2. Se blesser, pour une femme, c'est faire une fausse couche.

tions. Elle vous cède sans difficultés la première place auprès de moi. Quand elle est douce, elle dit que ce n'est pas sans peine, mais enfin cela est réglé et approuvé ; cette justice la rend digne de la seconde. Elle l'a aussi ; La Troche s'en meurt[1].

Je vais toujours mon train, et mon train aussi pour la Bretagne. Il est vrai que nous ferons des vies bien différentes. Je serai bien troublée dans la mienne par les États, qui me viendront tourmenter à Vitré sur la fin du mois de juillet ; cela me déplaît fort. Votre frère n'y sera plus en ce temps-là. Ma bonne, vous souhaitez que le temps marche. Vous ne savez ce que vous faites ; vous y serez attrapée. Il vous obéira trop exactement, et quand vous voudrez le retenir, vous n'en serez plus la maîtresse. J'ai fait autrefois les mêmes fautes que vous ; je m'en suis repentie et, quoiqu'il ne m'ait pas fait tout le mal qu'il fait aux autres, mille petits agréments qu'il m'a ôtés font apercevoir qu'il ne laisse que trop de marques de son passage.

Vous trouvez donc que vos comédiens ont bien de l'esprit de dire des vers de Corneille ? En vérité, il y en a de bien transportants. J'en ai apporté ici un tome, qui m'amusa fort hier au soir. Mais n'avez-vous point trouvé jolies les cinq ou six fables de La Fontaine qui sont dans un des tomes que je vous ai envoyés ? Nous en étions, l'autre jour, ravis chez M. de La Rochefoucauld. Nous apprîmes par cœur celle du *Singe et du Chat* :

D'animaux malfaisants c'était un très bon plat ;
Ils n'y craignaient tous deux aucun, quel qu'il pût être.
Trouvait-on quelque chose au logis de gâté,
On ne s'en prenait point à ceux du voisinage :

---

1. De jalousie.

Bertrand dérobait tout ; Raton, de son côté,
Était moins attentif aux souris qu'au fromage,

et le reste. Cela est peint. Et *La Citrouille*, et *Le Rossignol*. Cela est digne du premier tome[1]. Je suis bien folle de vous écrire de telles bagatelles ; c'est le loisir de Livry qui vous tue.

Vous avez écrit un billet admirable à Brancas. Il vous écrivit l'autre jour une main tout entière de papier ; c'était une rhapsodie assez bonne. Il nous la lut à Mme de Coulanges et à moi. Je lui dis : « Envoyez-la-moi donc tout achevée pour mercredi. » Il me dit qu'il n'en ferait rien, qu'il ne voulait pas que vous la vissiez, que cela était trop sot et trop misérable. « Pour qui vous prenez-vous ? Vous nous l'avez bien lue. — Tant y a je ne veux pas qu'elle le lise. » Voilà toute la raison que j'en ai eue. Jamais il ne fut si fou. Il sollicita l'autre jour un procès à la seconde des enquêtes ; c'était à la première qu'on le jugeait. Cette folie a fort réjoui les sénateurs ; je crois qu'elle lui a fait gagner son procès.

Ma chère enfant, que dites-vous de l'infinité de cette lettre ? Si je voulais, j'écrirais jusqu'à demain. Conservez-vous, ma chère bonne, c'est ma ritournelle continuelle. Ne tombez point ; gardez quelquefois le lit. Depuis que j'ai donné à ma petite une nourrice comme celles du temps de François Ier, je crois que vous devez honorer tous mes conseils. Pensez-vous que je ne vous aille point voir cette année ? J'avais rangé tout cela d'une autre façon, et même pour l'amour de vous, mais votre litière me redérange tout ; le moyen de ne

1. De la première partie, parue en 1668. Elle comportait six livres et contenait une fable, « Le Lion amoureux », dédiée à Mme de Grignan. En mars 1671, La Fontaine avait publié un recueil de *Fables nouvelles et autres poésies*, digne du précédent selon l'épistolière, mais pour les fables seulement.

Le château des « Rochers ».

Grignan. Gravure du vieux château.

pas courir dès cette année, si vous le souhaitez un peu ? Hélas ! c'est bien moi qui dois dire qu'il n'y a plus de pays fixe pour moi, que celui où vous êtes. Votre portrait triomphe sur ma cheminée ; vous êtes adorée présentement en Provence et à Paris, et à la cour et à Livry. Enfin, ma bonne, il faut que vous soyez ingrate ; le moyen de rendre tout cela ? Je vous embrasse et vous aime, et vous le dirai toujours, parce que c'est toujours la même chose. J'embrasserais ce fripon de Grignan, si je n'étais fâchée contre lui.

Maître Paul[1] mourut il y a huit jours ; notre jardin en est tout triste.

9

A madame de Grignan

Aux Rochers, dimanche 31 mai 1671.

Enfin, ma fille, nous voici dans ces pauvres Rochers. Quel moyen de revoir ces allées, ces devises, ce petit cabinet, ces livres, cette chambre, sans mourir de tristesse ? Il y a des souvenirs agréables, mais il y en a de si vifs et de si tendres qu'on a peine à les supporter ; ceux que j'ai de vous sont de ce nombre. Ne comprenez-vous point bien l'effet que cela peut faire dans un cœur comme le mien[2] ?

1. Le jardinier de Livry. Mme de Sévigné attribue au jardin sa propre tristesse, ce qui est un moyen de l'anoblir.
2. Mme de Sévigné n'était plus allée en Bretagne depuis 1666. Sa fille l'y avait accompagnée comme dans presque tous ses voyages. D'où le thème du regret de l'absente. Avec l'aide de son oncle Christophe de Coulanges, abbé de Livry, la marquise administrait au nom de ses enfants plusieurs terres situées en Bretagne qui provenaient de son mari. Mais elle ne réside que dans une seule d'entre elles, les Rochers, près de Vitré. Elle y a écrit 255 des 764 lettres conservées.

Si vous continuez de vous bien porter, ma chère enfant, je ne vous irai voir que l'année qui vient ; la Bretagne et la Provence ne sont pas compatibles. C'est une chose étrange que les grands voyages. Si l'on était toujours dans le sentiment qu'on a quand on arrive, on ne sortirait jamais du lieu où l'on est. Mais la Providence fait qu'on oublie ; c'est la même qui sert aux femmes qui sont accouchées. Dieu permet cet oubli, afin que le monde ne finisse pas et que l'on fasse des voyages en Provence. Celui que j'y ferai me donnera la plus grande joie que je puisse recevoir dans ma vie, mais quelles pensées tristes de ne voir point de fin à votre séjour ! J'admire et je loue de plus en plus votre sagesse. Quoique, à vous dire le vrai, je sois fortement touchée de cette impossibilité, j'espère qu'en ce temps-là nous verrons les choses d'une autre manière. Il faut bien l'espérer, car sans cette consolation, il n'y aurait qu'à mourir. J'ai quelquefois des rêveries dans ces bois d'une telle noirceur que j'en reviens plus changée que d'un accès de fièvre.

Il me paraît que vous ne vous êtes point ennuyée à Marseille. Ne manquez pas de me mander comme vous aurez été reçue à Grignan. Ils avaient fait ici une manière d'entrée à mon fils[1]. Vaillant[2] avait mis plus de quinze cents hommes sous les armes, tous fort bien habillés, un ruban neuf à la cravate. Ils vont en très bon ordre nous attendre à une lieue des Rochers. Voici un bel incident : Monsieur l'Abbé avait mandé que nous arriverions le mardi, et puis tout d'un coup il l'oublie. Ces pauvres gens attendent le mardi jusqu'à

---

1. Une fête pour son arrivée, en qualité de seigneur du lieu. C'est la première fois que Charles, qui a 23 ans, vient aux Rochers depuis qu'il a l'âge d'homme.
2. Sénéchal de Mme de Sévigné, sorte d'officier de justice, car les terres possédées par les Sévigné comportent, entre autres droits féodaux, ceux de haute et basse justice.

dix heures du soir, et quand ils sont tous retournés chacun chez eux, bien tristes et bien confus, nous arrivons paisiblement le mercredi, sans songer qu'on eût mis une armée en campagne pour nous recevoir. Ce contretemps nous a fâchés ; mais quel remède ? Voilà par où nous avons débuté.

Mlle du Plessis est tout justement comme vous l'avez laissée. Elle a une nouvelle amie à Vitré, dont elle se pare, parce que c'est un bel esprit qui a lu tous les romans[1] et qui a reçu deux lettres de la princesse de Tarente[1]. J'ai fait dire méchamment par Vaillant que j'étais jalouse de cette nouvelle amitié, que je n'en témoignerais rien, mais que mon cœur était saisi ; tout ce qu'elle a dit là-dessus est digne de Molière[2]. C'est une plaisante chose de voir avec quel soin elle me ménage, et comme elle détourne adroitement la conversation pour ne point parler de ma rivale devant moi ; je fais aussi fort bien mon personnage.

Mes petits arbres sont d'une beauté surprenante. Pilois[3] les élève jusqu'aux nues avec une probité admirable. Tout de bon, rien n'est si beau que ces allées que vous avez vu naître. Vous savez que je vous donnai une manière de devise qui vous convenait. Voici un mot que j'ai écrit sur un arbre pour mon fils qui est revenu de Candie : *vago di fama*[4] ; n'est-il point joli pour n'être qu'un mot ? Je fis écrire hier

1. Amélie de Hesse-Cassel, princesse allemande apparentée avec presque toutes les cours souveraines d'Europe, épouse du fils du duc de La Trémouille, qui portait le titre de prince de Tarente.
2. C'est-à-dire du plus haut comique, avec peut-être un souvenir des satires de Molière contre les provinciaux.
3. « Conducteur et chef des ouvriers ordinaires », selon le titre que lui donne un livre de comptes entre Mme de Sévigné et son régisseur, l'abbé Rahuel.
4. Avide de gloire, en italien. En 1668, Charles avait participé comme volontaire à une expédition dangereuse de secours aux Vénitiens contre les Turcs de Candie, ville du nord de la Crète.

encore, en l'honneur des paresseux : *bella cosa far niente*¹.

Hélas ! ma fille, que mes lettres sont sauvages ! Où est le temps que je parlais de Paris comme les autres ? C'est purement de mes nouvelles que vous aurez et, voyez ma confiance, je suis persuadée que vous aimez mieux celles-là que les autres.

La compagnie que j'ai ici me plaît fort. Notre Abbé est toujours plus admirable ; mon fils et La Mousse² s'accommodent fort bien de moi, et moi d'eux. Nous nous cherchons toujours, et quand les affaires me séparent d'eux, ils sont au désespoir, et me trouvent ridicule de préférer un compte de fermier aux contes de La Fontaine. Ils vous aiment tous passionnément ; je crois qu'ils vous écriront. Pour moi, je prends les devants, et n'aime point à vous parler en tumulte. Ma fille, aimez-moi donc toujours. C'est ma vie, c'est mon âme que votre amitié ; je vous le disais l'autre jour, elle fait toute ma joie et toutes mes douleurs. Je vous avoue que le reste de ma vie est couvert d'ombre et de tristesse, quand je songe que je la passerai si souvent éloignée de vous.

---

1. C'est une belle chose de ne rien faire.
2. L'abbé de La Mousse était le fils bâtard de Philippe de Coulanges, l'oncle qui avait élevé Mme de Sévigné. Il était resté dans la famille, et la marquise fit de ce savant cartésien le précepteur de sa fille.

10

A madame de Grignan

Aux Rochers, dimanche 14 juin 1671.

Je comptais recevoir vendredi deux de vos lettres à la fois[1] ; et comment se peut-il que je n'en aie seulement pas une ? Ah ! ma fille, de quelque endroit que vienne ce retardement, je ne puis vous dire ce qu'il me fait souffrir. J'ai mal dormi ces deux nuits passées. J'ai renvoyé deux fois à Vitré pour chercher à m'amuser de quelque espérance, mais c'est inutilement. Je vois par là que mon repos est entièrement attaché à la douceur de recevoir de vos nouvelles. Me voilà insensiblement tombée dans la radoterie de Chésières[2]. Je comprends sa peine, si elle est comme la mienne ; je sens ses douleurs de n'avoir pas reçu cette lettre du 27. On n'est pas heureux quand on est comme lui ; Dieu me préserve de son état ! Et vous, ma fille, préservez-m'en sur toutes choses.

Adieu. Je suis chagrine, je suis de mauvaise compagnie. Quand j'aurai reçu de vos lettres, la parole me reviendra. Quand on se couche, on a des pensées qui ne sont que gris-brun, comme dit M. de la Rochefoucauld, et la nuit, elles deviennent tout à fait noires ; je sais qu'en dire.

1. Le vendredi 12 juin, la marquise aurait dû recevoir les lettres du samedi 30 mai et du mardi 2 juin, réexpédiées de Paris le mercredi 10. Elles avaient été par erreur orientées vers Rennes, où se trouvait son fils Charles. La différence de longueur entre ce court billet et l'immense bavardage du dimanche suivant, après réception des lettres attendues, montre à quel point l'écriture est déterminée chez Mme de Sévigné par le dialogue et la confiance en l'affection de sa fille, à l'exclusion de toute considération littéraire.
2. Oncle de Mme de Sévigné, installé en Bretagne.

11

A d'Hacqueville

Aux Rochers, mercredi 17 juin 1671.

Je vous écris avec un serrement de cœur qui me tue ; je suis incapable d'écrire à d'autres qu'à vous, parce qu'il n'y a que vous qui ayez la bonté d'entrer dans mes extrêmes tendresses. Enfin, voilà le second ordinaire que je ne reçois point de nouvelles de ma fille. Je tremble depuis la tête jusqu'aux pieds, je n'ai pas l'usage de raison, je ne dors point ; et si je dors, je me réveille avec des sursauts qui sont pires que de ne pas dormir. Je ne puis comprendre ce qui empêche que je n'aie des lettres comme j'ai accoutumé. Dubois me parle de mes lettres qu'il envoie très fidèlement, mais il ne m'envoie rien, et ne me donne point de raison de celles de Provence. Mais, mon cher Monsieur, d'où cela vient-il ? Ma fille ne m'écrit-elle plus[1] ? Est-elle malade ? Me prend-on mes lettres ? car, pour les retardements de la poste, cela ne pourrait pas faire un tel désordre. Ah ! mon Dieu, que je suis malheureuse de n'avoir personne avec qui pleurer ! J'aurais cette consolation avec vous, et toute votre sagesse ne m'empêcherait pas de vous faire voir toute ma folie. Mais n'ai-je pas raison d'être en peine ? Soulagez donc mon inquiétude, et courez dans les lieux où ma fille écrit, afin que je sache au moins comme elle se porte. Je m'accommoderai mieux de voir qu'elle écrit à d'autres que de l'inquiétude où je suis de sa santé. Enfin, je n'ai pas reçu de ses lettres depuis le 5 de ce

---

1. Mme de Sévigné craint que sa fille ne cesse de tenir sa promesse de lui écrire régulièrement maintenant qu'elle lui est devenue inutile, ne pouvant plus lui donner les nouvelles de Paris. En fait, elle doute de sa tendresse. D'où sa peur. Elle se trompait. Mme de Grignan lui répondra toujours fidèlement.

mois, elles étaient du 23 et 26 mai. Voià donc douze
jours et deux ordinaires de poste. Mon cher Monsieur,
faites-moi promptement réponse. L'état où je suis
vous ferait pitié. Écrivez un peu mieux ; j'ai peine à
lire vos lettres, et j'en meurs d'envie. Je ne réponds
point à toutes vos nouvelles ; je suis incapable de tout.
Mon fils est revenu de Rennes ; il y a dépensé quatre
cents francs en trois jours. La pluie est continuelle.
Mais tous ces chagrins seraient légers, si j'avais des
lettres de Provence. Ayez pitié de moi ; courez à la
poste, apprenez ce qui m'empêche d'en avoir comme
à l'ordinaire. Je n'écris à personne, et je serais honteuse
de vous faire voir tant de faiblesses si je ne connaissais
vos extrêmes bontés.

Le gros abbé se plaint[1] de moi ; il dit qu'il n'a reçu
qu'une de mes lettres. Je lui ai écrit deux fois ; dites-
lui, et que je l'aime toujours.

12

A madame de Grignan

Aux Rochers, dimanche 21 juin 1671.
Réponse au 30 mai et au 2 juin.

Enfin, ma bonne, je respire à mon aise. Je fais un
soupir comme M. de La Souche[2] ; mon cœur est
soulagé d'une presse et d'un saisissement qui en vérité
ne me donnaient aucun repos. Bon Dieu ! que n'ai-je

---

1. L'abbé de Pontcarré, un ami.
2. L'Arnolphe de *L'École des femmes* de Molière, dont c'est le
nom, plus noble, qu'il veut désormais porter. Il soupire de soulagement en apprenant qu'Horace n'a pris à Agnès que le ruban qu'il
lui avait donné.

point souffert pendant deux ordinaires[1] que je n'ai point eu de vos lettres ! Elles sont nécessaires à ma vie ; ce n'est point une façon de parler, c'est une très grande vérité. Enfin, ma chère enfant, je vous avoue que je n'en pouvais plus, et j'étais si fort en peine de votre santé que j'étais réduite à souhaiter que vous eussiez écrit à tout le monde hormis à moi. Je m'accommodais mieux d'avoir été un peu retardée dans votre souvenir que de porter l'épouvantable inquiétude que j'avais pour votre santé. Je ne trouvais de consolation qu'à me plaindre à notre cher d'Hacqueville, qui, avec toute sa bonne tête, entre plus que personne dans la tendresse infinie que j'ai pour vous[2]. Je ne sais si c'est par celle qu'il a pour vous, ou par celle qu'il a pour moi, ou par toutes les deux, mais enfin il comprend très bien tous mes sentiments ; cela me donne un grand attachement pour lui. Je me repens de vous avoir écrit mes douleurs ; elles vous donneront de la peine quand je n'en aurai plus. Voilà le malheur d'être éloignées. Hélas ! il n'est pas seul.

Mais savez-vous bien ce qu'elles étaient devenues ces chères lettres que j'attends et que je reçois avec tant de joie ? On avait pris la peine de les envoyer à Rennes, parce que mon fils y a été. Ces faussetés qu'on dit toujours ici sur toutes choses s'étaient répandues jusque-là ; vous pouvez penser si j'ai fait un beau sabbat à la poste.

Vous me mandez des choses admirables de vos cérémonies de la Fête-Dieu. Elles sont tellement profanes que je ne comprends pas comme votre saint

1. Les ordinaires des vendredi 12 et lundi 15. Mme de Sévigné est restée sans lettres du vendredi 5 au vendredi 19 juin, pendant quinze jours. C'était le premier véritable accident dans la régularité de la correspondance ; il restera le plus long.
2. D'Hacqueville envoya la lettre en Provence, ce qui explique qu'elle ait été conservée avec celles à Mme de Grignan.

archevêque les veut souffrir ; il est vrai qu'il est italien, et cette mode vient de son pays[1]. J'en réjouirai ce soir le bonhomme Coëtquen, qui vient souper avec moi.

Je suis encore plus contente du reste de vos lettres. Enfin, ma pauvre bonne, vous êtes belle ! Comment ! je vous reconnaîtrais donc entre huit ou dix femmes, sans m'y tromper ? Quoi ! vous n'êtes point pâle, maigre, abattue comme la princesse Olympie[2] ! Quoi ! vous n'êtes point malade à mourir comme je vous ai vue ! Ah ! ma bonne, je suis trop heureuse. Au nom de Dieu, amusez-vous, appliquez-vous à vous bien conserver ; songez que vous ne pouvez rien faire dont je vous sois si sensiblement obligée. C'est à M. de Grignan à vous dire la même chose et à vous aider dans cette occupation. C'est d'un garçon que vous êtes grosse, je vous en réponds ; cela doit augmenter ses soins. Je vous remercie de vous habiller ; vous souvient-il combien vous nous avez fatigués avec ce méchant manteau noir ? Cette négligence était d'une honnête femme ; M. de Grignan vous en peut remercier, mais elle était bien ennuyeuse pour les spectateurs.

C'est une belle chose, ce me semble, que d'avoir fait brûler les tours blonds[3] et retailler les mouchoirs. Pour les jupes courtes, vous aurez quelque peine à les rallonger. Cette mode vient jusqu'à nous ; nos demoi-

1. L'archevêque d'Aix était un Grimaldi. Il n'était pour rien dans les « jeux sacrés » dont Mme de Sévigné déplore l'existence et que l'on faisait à l'époque remonter au roi René. Ils célébraient en principe la victoire du christianisme sur les dieux du paganisme, à l'aide de scènes dont le réalisme choquait la grande dame parisienne et sa fille. En 1671, la Fête-Dieu était tombée le 28 mai.
2. Personnage de la *Cléopâtre*, long roman de La Calprenède paru entre 1646 et 1657. Elle y est dépeinte avec des « yeux abattus et languissants ».
3. Les tours sont ce qui, dans l'habillement, est monté en rond ; la blonde est une dentelle de soie.

selles de Vitré, dont l'une s'appelle, de bonne foi, Mlle de Croque-Oison, et l'autre Mlle de Kerborgne, les portent au-dessus de la cheville du pied. Ces noms me réjouissent[1] ; j'appelle la Plessis Mlle de Kerlouche. Pour vous qui êtes une reine, vous donnerez assurément le bon air à votre Provence ; pour moi, je ne puis rien faire que de m'en réjouir ici. Ce que vous me mandez sur ce que vous êtes pour les honneurs est extrêmement plaisant.

J'ai vu avec beaucoup de plaisir ce que vous écrivez à notre Abbé ; nous ne pouvons, avec de telles nouvelles, nous ôter tout à fait l'espérance de votre retour. Quand j'irai en Provence, je vous tenterai de revenir avec moi et chez moi[2]. Vous serez lasse d'être honorée ; vous reprendrez goût à d'autres sortes d'honneurs et de louanges et d'admiration. Vous n'y perdrez rien, il ne faudra seulement que changer de ton. Enfin, nous verrons en ce temps-là. En attendant, je trouve que les moindres ressources des maisons comme la vôtre sont considérables. Si vous vendez votre terre, songez bien comme vous en emploierez l'argent ; ce sont des coups de partie. Nous en avons vendu une petite où *il ne venait que du blé*, dont la vente me fait un fort grand plaisir et m'augmente mon revenu[3]. Si vous rendez M. de Grignan capable d'entrer dans vos bons sentiments, vous pourrez vous vanter d'avoir fait un miracle qui n'était réservé qu'à vous. Mon fils est encore un peu loin d'entrer sur cela dans mes pensées.

1. Les plaisanteries sur les noms bretons viennent de la déformation de vrais noms : il y avait en Bretagne des familles de Kerquoison et de Keramborgne.
2. Ce sera la cause d'un grave conflit entre mère et fille, car Mme de Grignan ne se laissera pas tenter et choisira de rester en Provence avec son mari.
3. Le revenu des terres était inférieur aux intérêts des dettes que Mme de Sévigné pourra rembourser grâce à cette vente.

Il est vrai qu'il est jeune, mais ce qui est fâcheux, c'est que, quand [on] gâte ses affaires, on passe le reste de sa vie à les rhapsoder, et l'on n'a jamais ni de repos, ni d'abondance.

J'avais fort envie de savoir quel temps vous aviez en votre Provence, et comme vous vous accommodiez des punaises. Vous m'apprenez ce que j'avais dessein de vous demander. Pour nous, depuis trois semaines, nous avons eu des pluies continuelles ; au lieu de dire, après la pluie vient le beau temps, nous disons, après la pluie vient la pluie. Tous nos ouvriers en ont été dispersés ; Pilois en était retiré chez lui, et au lieu de m'adresser votre lettre au pied d'un arbre, vous auriez pu me l'adresser au coin du feu, ou dans le cabinet de notre Abbé, à qui j'ai plus que jamais des obligations infinies. Nous avons ici beaucoup d'affaires ; nous ne savons encore si nous fuirons les États, ou si nous les affronterons. Ce qui est certain, ma bonne, et dont je crois que vous ne douterez pas, c'est que nous sommes bien loin d'oublier cette pauvre exilée[1]. Hélas ! qu'elle nous est chère et précieuse ! Nous en parlons très souvent ; mais quoique j'en parle beaucoup, j'y pense encore mille fois davantage, et jour et nuit, et en me promenant (car on a toujours quelques heures), et quand il semble que je n'y pense plus, et toujours, et à toute heure, et à tous propos, et en parlant d'autres choses, et enfin comme on devrait penser à Dieu, si l'on était véritablement touché de son amour. J'y pense d'autant plus que, très souvent, je ne veux pas parler de vous ; il y a des excès qu'il faut corriger, et pour être polie, et pour être politique. Il me souvient encore comme il faut vivre pour n'être pas pesante ; je me sers de mes vieilles leçons.

Nous lisons fort ici. La Mousse m'a priée qu'il pût

1. Mme de Grignan, exilée loin de Paris, en Provence.

lire Le Tasse[1] avec moi. Je le sais fort bien parce que je l'ai très bien appris ; cela me divertit. Son latin et son bon sens le rendent un bon écolier, et ma routine et les bons maîtres que j'ai eus me rendent une bonne maîtresse. Mon fils nous lit des bagatelles, des comédies, qu'il joue comme Molière, des vers, des romans, des histoires. Il est fort amusant ; il a de l'esprit, il entend bien, il nous entraîne, et nous a empêchés de prendre aucune lecture sérieuse, comme nous en avions le dessein. Quand il sera parti, nous reprendrons quelque belle *Morale* de ce M. Nicole[2]. Il s'en va dans quinze jours à son devoir. Je vous assure que la Bretagne ne lui a point déplu.

J'ai écrit à la petite Deville pour savoir comme vous ferez pour vous faire saigner. Parlez-moi au long de votre santé et de tout ce que vous voudrez. Vos lettres me plaisent au dernier point. Pourtant, ma petite, ne vous incommodez point pour m'écrire, car votre santé va toujours devant toutes choses.

Nous admirons, l'Abbé et moi, la bonté de votre tête sur les affaires. Nous croyons voir que vous serez la restauratrice de cette maison de Grignan ; les uns gâtent, les autres raccommodent. Mais surtout, il faut tâcher de passer sa vie avec un peu de joie et de repos. Mais le moyen, ma bonne, quand on est à cent mille

1. L'auteur italien de *La Jérusalem délivrée* fort en vogue en France au XVIIe siècle. La Mousse ne sait pas l'italien, qui ne s'enseignait pas dans les écoles. Mme de Sévigné, qui l'a appris d'un maître particulier, comme les jeunes filles de bonne famille, l'aide à comprendre une langue que sa connaissance du latin lui rend facile. Il aidera en revanche la marquise, qui ne sait pas le latin, à lire Virgile en s'aidant d'une traduction italienne. Cela illustre l'opposition de la culture toute moderne des femmes et de celle des hommes, fondée sur la connaissance des Anciens.
2. Pierre Nicole, dont Mme de Sévigné dévorera les *Essais de morale*, mais seulement après le départ de son fils, qui la distrait avec des lectures plus profanes.

lieues de vous ? Vous dites fort bien : on se parle et on se voit au travers d'un gros crêpe. Vous connaissez les Rochers, et votre imagination sait un peu où me prendre ; pour moi, je ne sais où j'en suis. Je me suis fait une Provence, une maison à Aix, peut-être plus belle que celle que vous avez ; je vous y vois, je vous y trouve. Pour Grignan, je le vois aussi, mais vous n'avez point d'arbres (cela me fâche), ni de grottes pour vous mouiller. Je ne vois pas bien où vous vous promenez. J'ai peur que le vent ne vous emporte sur votre terrasse[1] ; si je croyais qu'il vous pût apporter ici par un tourbillon, je tiendrais toujours mes fenêtres ouvertes, et je vous recevrais, Dieu sait ! Voilà une folie que je pousserais loin. Mais je reviens, et je trouve que le château de Grignan est parfaitement beau ; il sent bien les anciens Adhémar[2]. Je ne vois pas bien où vous avez mis vos miroirs[3]. L'Abbé, qui est exact et scrupuleux, n'aura point reçu tant de remerciements pour rien. Je suis ravie de voir comme il vous aime, et c'est une des choses dont je veux vous remercier que de faire tous les jours augmenter cette amitié par la manière dont vous vivez avec moi et avec lui. Jugez quel tourment j'aurais s'il avait d'autres sentiments pour vous ; mais il vous adore.

Dieu merci ! voilà mon caquet bien revenu. Je vous écris deux fois la semaine, et mon ami Dubois prend un soin extrême de notre commerce, c'est-à-dire de ma vie. Je n'en ai point reçu par le dernier ordinaire,

1. L'église collégiale de Grignan était surmontée d'un toit dallé, de plain-pied avec la terrasse du château, le tout situé sur un piton rocheux qui dominait la plaine environnante de 33 mètres. Beau spectacle, mais très exposé à la bise (mistral).
2. Les historiens du temps faisaient remonter jusqu'au VIIᵉ siècle les Adhémar, aïeux des Grignan. Il est sûr qu'ils ont participé aux Croisades, où ils occupaient des postes de commandement.
3. C'était un cadeau de l'abbé de Coulanges.

mais je n'en suis point en peine, à cause de ce que vous me mandez[1].

Voilà une lettre que j'ai reçue de ma tante. Votre fille est plaisante. Elle n'a pas osé aspirer à la perfection du nez de sa mère. Elle n'a pas voulu aussi... Je n'en dirai pas davantage. Elle a pris un troisième parti, et s'avise d'avoir un petit nez carré[2] ; ma bonne, n'en êtes-vous point fâchée ? Hélas ! pour cette fois, vous ne devez pas avoir cette idée ; mirez-vous, c'est tout ce que vous devez faire pour finir heureusement ce que vous commencez si bien.

Adieu, ma très aimable bonne, embrassez M. de Grignan pour moi. Vous lui pouvez dire les bontés de notre Abbé[3]. Il vous embrasse, cet Abbé, et votre fripon de frère. La Mousse est bien content de votre lettre. Il a raison ; elle est aimable.

Pour ma très bonne et très belle, dans son château d'Apollidon.

1. « Le dernier ordinaire » : le courrier du vendredi. Mme de Grignan, en voyage vers son château, avait prévenu sa mère qu'elle ne pourrait lui écrire cette fois-là.
2. Ni le joli nez de sa mère, ni le gros nez des Grignan, mais celui de sa grand-mère Sévigné, née Rabutin.
3. L'abbé de Coulanges venait de faire don à sa nièce préférée de ses biens disponibles, à la réserve de l'usufruit sa vie durant.

13

A madame de Grignan

Aux Rochers, mercredi 22 juillet 1671,
jour de la Madeleine, où fut tué, il y a
quelques années, un père que j'avais[1].

Je vous écris, ma bonne, avec plaisir, quoique je
n'aie rien à vous mander. Mme de Chaulnes[2] arriva
dimanche, mais savez-vous comment ? A beau pied
sans lance[3] entre onze heures et minuit ; on pensait à
Vitré que ce fût des bohèmes[4]. Elle ne voulait aucune
cérémonie à son entrée ; elle fut servie à souhait, car
on ne la regarda pas, et ceux qui la virent comme elle
était crurent que c'était ce que je vous ai dit, et
pensèrent tirer sur elle. Elle venait de Nantes par La
Guerche, et son carrosse et son chariot étaient demeurés
entre deux rochers à demi-lieue de Vitré, parce que le
contenu était plus grand que le contenant, ma chère ;
ainsi il fallut travailler dans le roc, et cet ouvrage ne
fut fait qu'à la pointe du jour, que tout arriva à Vitré.
Je fus voir lundi cette duchesse, qui fut aise de me
voir comme vous pouvez penser. La *Murinette beauté*[5]
est avec elle, dont mon oncle l'Abbé est amoureux.
Elles sont seules à Vitré, en attendant M. de Chaulnes,
qui fait le tour de la Bretagne, et les États, qui

1. Celse-Bénigne de Rabutin, tué le 22 juillet 1627, un peu plus
d'un an après la naissance de sa fille, dans un combat contre les
Anglais à l'île de Ré.
2. La femme du gouverneur de Bretagne, amie parisienne.
3. Comme un chevalier désarmé, donc sans armes ni bagages.
4. Des bohémiens.
5. La belle demoiselle de Murinais, cousine des Chaulnes, qu'ils
espéraient marier à quelque Breton. Elle épousa en 1674 le marquis
de Kerman.

s'assembleront dans dix jours. Vous pouvez vous
imaginer ce que je suis dans une pareille solitude. Elle
ne sait que devenir et n'a recours qu'à moi ; vous
croyez bien que je l'emporte hautement sur Mlle de
Kerborgne[1]. Elle me fit les mêmes civilités que si elle
n'était point dans son gouvernement. Je crois qu'elle
me viendra voir après dîner. Toutes mes allées sont
nettes rigoureusement et mon parc est en beauté ; je
la prierai de demeurer ici deux ou trois jours à s'y
promener en liberté. Comme je lui fais valoir d'être
demeurée pour elle, je veux m'en acquitter d'une
manière à n'être pas oubliée, et pourtant sans que je
fasse d'autre bonne chère que celle qui se trouvera
dans le pays. Ah mon Dieu ! en voilà beaucoup sur ce
sujet. Il faut pourtant que je vous fasse encore mille
baisemains de sa part, et que je vous dise qu'on ne
peut estimer plus une personne qu'elle vous estime ;
elle est instruite par d'Hacqueville de ce que vous
valez. Quelle fortune que celle de cette femme ! Elle
avait cent mille écus : fille d'un conseiller, ma bonne[2] !
Tout est rangé selon l'ordre de la Providence ; cette
pensée doit fixer toutes nos inquiétudes. Et vous, ma
très belle, comment êtes-vous ? Où en êtes-vous de
vos Grignan ? Le pauvre Coadjuteur a-t-il encore la
goutte ? L'innocence est-elle toujours persécutée ?

Je fis hier matin, ma bonne, un acte généreux.
J'avais huit ou dix ouvriers, qui fanaient mes foins,
pour nettoyer des allées, et j'avais envoyé mes gens à
leur place. Picard n'y voulut pas aller et me dit qu'il
n'était pas venu pour cela en Bretagne, qu'il n'était

---

1. La Parisienne Sévigné l'emporte sans peine sur la noblesse
locale.
2. La fille du conseiller Le Féron, appartenant à la noblesse de
robe, a eu beaucoup de chance d'épouser un vrai duc pour une dot
raisonnable.

point un ouvrier, et qu'il aimait mieux s'en aller à
Paris. Sans autre forme de procès, je le fis partir à
l'instant. Je pense qu'il couchera aujourd'hui à Sablé.
Pour sa récompense, il l'a si peu méritée par quatre
années de mauvais service que je n'en ai rien sur ma
conscience ; elle viendra comme elle pourra.

Il faut avouer que la disette de sujets m'a jetée
aujourd'hui dans de beaux détails[1]. En voici encore
un. Cette Mme de Quintin, que nous vous disions qui
vous ressemblait, à Paris, pour vous faire enrager, est
comme paralytique ; elle ne se soutient pas. Deman-
dez-lui pourquoi ; elle a vingt ans. Elle est passée ce
matin devant cette porte, et a demandé à boire un
petit coup de vin. On lui en a porté ; elle a bu sa
chopine, et puis s'en est allée au Pertre consulter une
espèce de médecin qu'on estime en ce pays. Que dites-
vous de cette manière bretonne, familière et galante ?
Elle sortait de Vitré ; elle ne pouvait pas avoir soif.
De sorte que j'ai compris que tout cela était un air
pour me faire savoir qu'elle a un équipage de Jean de
Paris[2]. Ma pauvre bonne, ne sortirai-je point des
nouvelles de Bretagne ? Quel chien de commerce avez-
vous là avec une femme de Vitré ? La cour s'en va,
dit-on, à Fontainebleau ; le voyage de Rochefort et de
Chambord est rompu. On croit qu'en dérangeant les
desseins qu'on avait pour l'automne, on dérangera
aussi la fièvre de Monsieur le Dauphin, qui le prend
dans cette saison à Saint-Germain. Pour cette année,
elle y sera attrapée ; elle ne l'y trouvera pas. Vous
savez qu'on a donné à Monsieur de Condom l'abbaye

1. Mme de Sévigné ironise sur les sujets qu'elle traite, maintenant
qu'elle ne peut plus suivre l'actualité parisienne, comme si elle avait
à se le faire pardonner.
2. Un équipage somptueux, comme dans le roman médiéval de
ce nom.

de Rebais, qu'avait l'abbé de Foix : *le pauvre homme*[1] !
On prend ici le deuil de M. le duc d'Anjou ; si je
demeure aux États, cela m'embarrassera. Notre Abbé
ne peut quitter la chapelle ; ce sera notre plus forte
raison, car, pour le bruit et le tracas de Vitré, il me
sera bien moins agréable que mes bois, ma tranquillité
et mes lectures. Quand je quitte Paris et mes amis, ce
n'est pas pour paraître aux États ; mon pauvre mérite,
tout médiocre qu'il est, n'est pas encore réduit à se
sauver en province, comme les mauvais comédiens.
Ma bonne, je vous embrasse avec une tendresse infinie.
La tendresse que j'ai pour vous occupe mon âme tout
entière ; elle va loin et embrasse bien des choses quand
elle est au point de la perfection. Je souhaite votre
santé plus que la mienne. Conservez-vous ; ne tombez
point. Assurez M. de Grignan de mon amitié, et
recevez les protestations de notre Abbé.

14
A madame de Grignan

Aux Rochers, ce mercredi 16 septembre 1671.

Je suis méchante aujourd'hui, ma bonne ; je suis
comme quand vous me disiez : « Vous êtes méchante. »
Je suis triste ; je n'ai point de vos nouvelles[2]. *La
grande amitié n'est jamais tranquille*, MAXIME. Il

1. Souvenir du *Tartuffe*. Bossuet, évêque de Condom, n'eut pas
l'abbaye de Rebais. En 1672, il aura un autre bénéfice, mais après
s'être démis de son évêché en octobre 1671. Il était par ailleurs
précepteur du Dauphin.
2. Mme de Sévigné a reçu à la fois le vendredi les deux lettres
hebdomadaires de sa fille. Elle y a répondu le dimanche. Elle n'aura
donc pas de *nouvelles* avant le vendredi suivant. Elle fait de cette
situation le sujet de cette lettre du mercredi, caractéristique de
toutes celles où elle est réduite au monologue.

pleut ; nous sommes seuls. En un mot, je vous souhaite plus de joie que je n'en ai aujourd'hui. Ce qui embarrasse fort mon Abbé, La Mousse et mes gens, c'est qu'il n'y a point de remède à mon chagrin. Je voudrais qu'il fût vendredi pour avoir une de vos lettres, et il n'est que mercredi. Voilà sur quoi on ne sait que me faire. Toute leur habileté est à bout et si, par l'excès de leur amitié, ils m'assuraient pour me contenter qu'il est vendredi, ce serait encore pis, car si je n'avais point de vos lettres ce jour-là, il n'y aurait pas un brin de raison avec moi, de sorte que je suis contrainte d'avoir patience, quoique ce soit une vertu, comme vous savez, qui n'est guère à mon usage ; enfin je serai satisfaite avant qu'il soit trois jours.

J'ai une extrême envie de savoir comme vous vous portez de cette frayeur[1]. C'est mon aversion que les frayeurs. Pour moi, je ne suis pas grosse[2], mais elles me la font devenir, c'est-à-dire qu'elles me mettent dans un état qui renverse entièrement ma santé. Mon inquiétude présente ne va pas jusque-là ; je suis persuadée que la sagesse que vous avez eue de garder le lit vous aura entièrement remise. Ne me venez point dire que vous ne me manderez plus rien de votre santé ; vous me mettrez au désespoir, et n'ayant plus de confiance à ce que vous me diriez, je serais toujours comme je suis présentement. Il faut avouer que nous sommes à une belle distance l'une de l'autre, et que si l'on avait quelque chose sur le cœur dont on attendît du soulagement, on aurait un beau loisir pour se pendre.

1. « Vous deviez bien me mander ce qui vous avait effrayée », avait écrit Mme de Sévigné le 13 septembre. Mme de Grignan a donc écrit sa frayeur sans en dire la cause. On sait qu'en novembre 1669, elle avait fait une fausse couche après la peur que la chute de cheval d'un de ses beaux-frères lui avait causée.
2. Enceinte.

Je voulus hier prendre une petite dose de *Morale*[1] ; je m'en trouvai assez bien. Mais je me trouve encore mieux d'une petite critique contre la *Bérénice* de Racine[2], qui me parut fort plaisante et fort spirituelle ; c'est de l'auteur des *Sylphides*, des *Gnomes* et des *Salamandres*. Il y a cinq ou six petits mots qui ne valent rien du tout, et même qui sont d'un homme qui ne sait pas le monde. Cela donne de la peine, mais comme ce ne sont que des mots en passant, il ne faut point s'en offenser, et regarder tout le reste et le tour qu'il donne à cette critique ; je vous assure que cela est joli. Je crus que cette bagatelle vous aurait divertie, et je vous souhaitai dans votre petit cabinet auprès de moi, sauf à vous en retourner dans votre beau château quand vous auriez achevé cette lecture. Je vous avoue pourtant que j'aurais quelque peine à vous laisser partir si tôt. C'est une chose bien dure pour moi que de vous dire adieu ; je sais ce que m'a coûté le dernier. Il serait bien de l'humeur où je suis d'en parler. Mais je n'y pense encore qu'en tremblant ; ainsi vous êtes à couvert de ce chapitre. J'espère que cette lettre vous trouvera gaie. Si cela est, je vous prie de la brûler tout à l'heure ; ce serait une chose bien extraordinaire qu'elle fût agréable avec ce chien d'esprit que je me sens. Le Coadjuteur est bien heureux que je ne lui fasse pas réponse aujourd'hui.

J'ai envie de vous faire vingt-cinq ou trente questions pour finir dignement cet ouvrage. Avez-vous des muscats ? vous ne me parlez que de figues. Avez-vous bien chaud ? vous ne m'en dites rien. Avez-vous de

---

1. Des *Essais de morale* de Pierre Nicole.
2. La *Critique de la* Bérénice *de Racine*, qui venait de paraître, était l'œuvre de l'abbé Montfaucon de Villars, qui s'adonnait à l'occultisme et avait publié l'année précédente *Le Comte de Gabalis, ou Entretiens sur les sciences secrètes*.

ces aimables bêtes[1] que nous avions à Paris ? Avez-vous eu longtemps votre tante d'Harcourt ? Vous jugez bien qu'ayant perdu tant de vos lettres, je suis dans une assez grande ignorance et que j'ai perdu la suite de votre discours. Pincez-vous toujours cette pauvre Golier ? Vous battez-vous avec Adhémar[2] ? de ces batteries qui me font demander : « Mais que voulez-vous donc ? » Est-il toujours le *petit glorieux* ? Croit-il pas toujours être de bien meilleure maison que ses frères ? Ah ! que je voudrais bien battre quelqu'un ! Que je serais obligée à quelque Breton qui me viendrait faire une sotte proposition qui m'obligeât de me mettre en colère ! Vous me disiez l'autre jour que vous étiez bien aise que je fusse dans ma solitude et que j'y penserais à vous. C'est bien rencontré ; c'est que je n'y pense pas toujours, au milieu de Vitré, de Paris, de la cour, et du paradis si j'y étais ? Adieu, ma bonne, voici le bel endroit de ma lettre. Je finis parce que je trouve que ceci extravague un peu ; encore a-t-on son honneur à garder. Si je n'étais point brouillée avec le chocolat, j'en prendrais une chopine ; il ferait un bel effet avec cette belle disposition que vous voyez.

15

A madame de Grignan

Aux Rochers, ce mercredi 21 octobre 1671.

Mon Dieu, ma bonne, que votre ventre me pèse ! et que vous n'êtes pas seule qu'il fait étouffer ! Le grand intérêt que je prends à votre santé me ferait devenir

1. Les puces et autres bestioles. Le 8 juillet, Mme de Sévigné avait déjà demandé à sa fille si, dans son château, elle n'était « point accablée des petites bêtes » dont elle n'avait « rien senti » jusqu'alors.
2. Son beau-frère Joseph.

habile, si j'étais auprès de vous. Je donne des avis à la petite Deville qui feraient croire à Mme Moreau[1] que j'ai eu des enfants. En vérité, j'en ai beaucoup appris depuis trois ans. Mais j'avoue qu'auparavant cela l'honnêteté et la préciosité[2] d'un long veuvage m'avaient laissée dans une profonde ignorance ; je deviens matrone à vue d'œil.

Vous avez M. de Coulanges présentement, qui vous aura bien réjoui le cœur ; mais vous ne l'aurez plus quand vous recevrez cette lettre. Je l'aimerai toute ma vie du courage qu'il a eu de vous aller trouver jusqu'à Lambesc[3] ; j'ai fort envie de savoir des nouvelles de ce pays-là. Je suis accablée de celles de Paris ; surtout la répétition du mariage de Monsieur[4] me fait sécher sur le pied. Je suis en butte à tout le monde, et tel qui ne m'a jamais écrit s'en avise, pour mon malheur, afin de me l'apprendre. Je viens d'écrire à l'abbé de Pontcarré que je le conjure de ne m'en plus rompre la tête, et de la Palatine qui va quérir la princesse, et du maréchal du Plessis qui va l'épouser à Metz, et de Monsieur qui va consommer à Châlons, et du Roi qui les va voir à Villers-Cotterets ; qu'en un mot, je n'en

1. Mme Moreau avait été la garde de Mme de Grignan à la naissance de sa fille Marie-Blanche, en novembre 1670. La petite Deville est sa dame de compagnie.
2. La précieuse refuse tout ce qui touche à l'amour physique et à ses conséquences. Mme de Sévigné se définit comme une chaste veuve.
3. Les Grignan avaient quitté leur château pour se rendre à Lambesc près d'Aix, où allait se tenir l'assemblée des communautés de Provence, que le lieutenant général devait contrôler.
4. Veuf d'Henriette d'Angleterre, Philippe d'Orléans, frère de Louis XIV, se remariait avec Elisabeth-Charlotte de Bavière. L'usage voulait, pour les mariages princiers, que l'époux donne procuration à un grand personnage, ici le maréchal du Plessis, pour l'échange des consentements. La cérémonie du mariage eut donc lieu à Metz, le 16 novembre, en un lieu différent de sa consommation.

veux plus entendre parler qu'ils n'aient couché et recouché ensemble ; que je voudrais être à Paris pour n'entendre plus de nouvelles ; qu'encore, si je me pouvais venger sur les Bretons de la cruauté de mes amis, je prendrais patience, mais qu'ils sont six mois à raisonner sans ennui sur une nouvelle de la cour, et à la regarder de tous les côtés ; que pour moi, il me reste encore quelque petit air du monde, qui fait que je me lasse aisément de tous ces dits et redits. En effet, je me détourne des lettres où je crois qu'on m'en pourrait parler encore, et je me jette avidement et par préférence sur les lettres d'affaires. Je lus hier avec un plaisir extrême une lettre du bonhomme La Maison[1] ; j'étais bien assurée qu'il ne m'en dirait rien. En effet, il ne m'en dit pas un mot, et salue toujours humblement Madame la Comtesse, comme si elle était encore à mes côtés. Hélas ! il ne m'en faudrait guère prier pour me faire pleurer présentement ; un tour de mail sur le soir en ferait l'office.

A propos, il y a des loups dans mon bois ; j'ai deux ou trois gardes qui me suivent les soirs, le fusil sur l'épaule ; Beaulieu est le capitaine[2]. Nous avons honoré depuis deux jours le clair de la lune de notre présence, entre onze heures et minuit. Nous vîmes d'abord un homme noir ; je songeai à celui d'Auger[3], et me préparais déjà à refuser la jarretière. Il s'approcha, et il se trouva que c'était La Mousse. Un peu plus loin nous vîmes un corps blanc tout étendu. Nous appro-

1. Son fermier de Bourbilly, terre de Bourgogne qu'elle avait héritée de son père.
2. Valet de chambre de l'abbé de Coulanges, puis maître d'hôtel de la marquise.
3. Allusion à une aventure mystérieuse que Mme de Grignan avait rapportée à sa mère et dont nous ignorons le détail. Aux « visions » de sa correspondante, Mme de Sévigné s'amuse à opposer d'autres visions, produites par les effets du clair-obscur.

châmes assez hardiment de celui-là ; c'était un arbre que j'avais fait abattre la semaine passée. Voilà des aventures bien extraordinaires ; je crains que vous n'en soyez effrayée en l'état où vous êtes. Buvez un verre d'eau, ma bonne. Si nous avions des sylphes à notre commandement, nous pourrions vous conter quelque histoire digne de vous divertir, mais il n'appartient qu'à vous de voir une pareille diablerie sans en pouvoir douter. Quand ce ne serait que pour parler à Auger, il faut que j'aille en Provence. Cette histoire m'a bien occupée et bien divertie ; j'en ai envoyé la copie à ma tante, dans la pensée que vous n'auriez pas eu le courage de l'écrire deux fois si bien et si exactement. Dieu sait quel goût je trouve à ces sortes de choses en comparaison des *Renaudots*[1], qui égaient leurs plumes à mes dépens. Il y a de certaines choses qu'on aimerait tant à savoir ! Mais de celles-là, pas un mot. Quand quelque chose me plaît, je vous le mande, sans songer que peut-être je suis un écho moi-même ; si cela était, ma bonne, il faudrait m'en avertir par amitié.

J'écrivis l'autre jour à *Figuriborum*[2] sur son ambassade. Il ne m'a point fait réponse ; je m'en prends à vous. Adieu, ma très aimable Comtesse. Je vous vois, je pense à vous sans cesse ; je vous aime de toute la tendresse de mon cœur et je ne pense point qu'on puisse aimer davantage. Mille amitiés aux Grignan, à proportion de ce que vous croyez qu'ils m'aiment. Cette règle est bonne, je m'en fie à vous. Mon Abbé est tout à vous et la belle Mousse.

1. De ce qu'on trouve dans les *Gazettes*. Fondée en 1631 par Théophraste Renaudot, mort en 1653, la *Gazette* passa ensuite à ses fils.
2. Surnom de d'Irval, ensuite comte d'Avaux, un ami de Mme de Sévigné et de sa fille.

16
A madame de Grignan

Aux Rochers, mercredi 18 novembre 1671.

Eh, mon Dieu ! ma chère enfant, en quel état vous trouvera cette lettre ! Il sera le 28 du mois[1] ; vous serez accouchée, je l'espère, et très heureusement. J'ai besoin de me dire souvent ces paroles pour me soutenir le cœur, qui est quelquefois tellement pressé que je ne sais qu'en faire ; mais il est bien naturel d'être comme je suis dans une occasion comme celle-ci. J'attends mes vendredis, et je supplie ceux qui se sont divertis à prendre vos lettres de finir ce jeu jusqu'à ce que vous soyez accouchée. On en veut aussi aux miennes ; j'en suis au désespoir, car vous savez qu'encore que je ne fasse pas grand cas de mes lettres, je veux pourtant toujours que ceux à qui je les écris les reçoivent. Ce n'est jamais pour d'autres, ni pour être perdues que je les écris. J'ai donc regret à tout ce que vous ne recevez pas. Quelle vision de prendre une de mes lettres ! Il me semble que nous sommes à un degré de parenté qui ne donne point de curiosité[2]. Voilà qui est insupportable ; n'en parlons plus.

De la façon dont M. d'Hacqueville m'écrit, Mme de Montausier est morte ; il l'avait laissée à l'agonie. S'il faut écrire à M. de Montausier et à Mme de Crussol,

---

1. Mme de Sévigné compte un temps moyen de dix jours pour la transmission de sa lettre. Elle peut en fait aller plus vite : arrivée à temps à Paris le vendredi pour être mise au courrier de Provence, elle sera à Lambesc le jeudi 26 ou vendredi 27 au plus tard. Elle peut aussi aller plus lentement : arrivée trop tard à Paris le vendredi, elle n'en repartirait que le mercredi 25 pour arriver à Lambesc le 1er ou le 2 décembre.

2. Mme de Sévigné serait donc bien étonnée de notre curiosité non plus pour ce qu'elle dit à sa fille, mais pour la façon dont elle le dit, pour son art.

me voilà plus empêchée que quand Adhémar écrivit au Roi et aux ministres. Je ne saurais plus écrire depuis que mes lettres ne vont point à vous ; me voilà demeurée tout court. Je songe quelquefois que, pendant que je me creuse la tête, on tire peut-être le canon, on est aise, on se réjouit pour votre accouchement. Cela peut être mais je ne le sais pas encore, et on languit en attendant[1]. Il gèle à pierre fendre ; je suis tout le jour à trotter dans ces bois. Il ferait très beau s'en aller, et quand nous partirons, la pluie nous accablera. Voilà de belles réflexions. Quand on n'a pas autre chose à dire, il vaudrait tout autant finir[2].

17

A madame de Grignan

Aux Rochers, dimanche 29 novembre 1671.

Il m'est impossible, très impossible de vous dire, ma chère fille, la joie que j'ai reçue en ouvrant ce bienheureux paquet qui m'a appris votre heureux accouchement. En voyant une lettre de M. de Grignan, je me suis doutée que vous étiez accouchée ; mais de ne point voir de ces aimables dessus de lettre de votre main, c'était une étrange affaire. Il y en avait pourtant

1. Mme de Sévigné ne se trompait pas : quand elle écrivait cette lettre, on baptisait solennellement Louis-Provence de Grignan, né à Lambesc le 17 novembre. Jusqu'à l'invention du télégraphe, puis du téléphone, l'espace se mesurait irrémédiablement en temps. L'épistolière vit douloureusement ce décalage entre son temps et celui de sa fille, dans l'attente du moment où elle saura enfin ce qui s'est passé pour sa fille.
2. Une fois de plus, la brièveté de la lettre s'explique par l'impossibilité du dialogue, renforcée ici par l'angoisse de l'attente.

une de vous du 15, mais je la regardais sans la voir,
parce que celle de M. de Grignan me troublait la tête.
Enfin je l'ai ouverte avec un tremblement extraordinaire, et j'ai trouvé tout ce que je pouvais souhaiter
au monde. Que pensez-vous qu'on fasse dans ces excès
de joie ? Demandez au Coadjuteur ; vous ne vous y
êtes jamais trouvée[1]. Savez-vous donc ce que l'on fait ?
Le cœur se serre, et l'on pleure sans pouvoir s'en
empêcher. C'est ce que j'ai fait, ma chère fille, avec
beaucoup de plaisir ; ce sont des larmes d'une douceur
qu'on ne peut comparer à rien, pas même aux joies
les plus brillantes. Comme vous êtes philosophe, vous
savez les raisons de tous ces effets. Pour moi, je les
sens, et je m'en vais faire dire autant de messes, pour
remercier Dieu de cette grâce, que j'en faisais dire
pour la lui demander. Si l'état où je suis durait
longtemps, la vie serait trop agréable ; mais il faut
jouir du bien présent, les chagrins reviennent assez
tôt. La jolie chose d'accoucher d'un garçon, et de
l'avoir fait nommer par la Provence[2] ! Voilà qui est à
souhait. Ma fille, je vous remercie plus de mille fois
des trois lignes que vous m'avez écrites ; elles m'ont
donné l'achèvement d'une joie complète. Mon Abbé
est transporté comme moi, et notre Mousse est ravi.
Adieu, mon ange ; j'ai bien d'autres lettres à écrire
que la vôtre.

1. Plaisanterie. Jean-Baptiste, coadjuteur d'Arles et beau-frère de
la comtesse, était près de Mme de Sévigné lors de la naissance de
Marie-Blanche.
2. « Les parrains, dit l'acte de baptême, ont été tous messieurs
les députés des trois ordres de l'Assemblée et toutes les communautés qui composent ladite assemblée ». Suivent les signatures des
consuls.

18

A madame de Grignan

A Malicorne[1], dimanche 13 décembre 1671.

Enfin, ma chère bonne, me voilà par voie et par chemin, par le plus beau temps du monde. Je fais fort bien une lieue ou deux à pied, aussi bien que Madame[2]. Pour La Mousse, il court comme un perdu. Il est un peu embarrassé de ne pas bien dormir ; vous savez qu'il ne sait point n'être pas à son aise. Je partis donc mercredi, comme je vous avais mandé. Je vins à Loresse, où l'on me donna deux chevaux ; je consentis à la violence qu'on me fit pour les accepter. Nous avons quatre chevaux à chaque calèche ; cela va comme le vent.

Vendredi j'arrivai à Laval ; j'arrêtai à la poste où je devais recevoir votre paquet. Pendant que je discourais à la poste, je vois arriver justement cet honnête homme, cet homme si obligeant, crotté jusqu'au cul, qui m'apportait votre lettre ; je pensai l'embrasser. Vous jugez bien qu'à m'entendre parler ainsi, je ne suis pas en colère contre la poste. En effet, ma bonne, ce n'est point elle qui a eu tort. C'est assurément, comme vous aviez dit, des ennemis du petit Dubois, qui, le voyant se vanter de notre commerce et se panader[3] dans les occupations qu'il lui donnait, ont pris plaisir à lui donner le déplaisir de lui dérober nos lettres. D'abord je ne m'en suis pas aperçue, parce que je croyais que vous ne m'écriviez qu'une fois la

---

1. Malicorne est à une trentaine de kilomètres du Mans. Mme de Sévigné a quitté les Rochers le 9 décembre.
2. La nouvelle femme de Philippe d'Orléans, d'allure sportive.
3. Faire le paon, s'enorgueillir.

semaine[1]. Mais quand j'ai su que vous m'écriviez
deux, j'ai été, ma bonne, dans le désespoir ; j'ai eu des
regrets et des douleurs de cette perte qui me faisaient
perdre l'esprit. Je trouvais que vous étiez cruelle de
ne me pas répondre ni mander de certaines choses,
mais tout était dans ce que je ne recevais pas. J'en ai
perdu encore une depuis, avec la même douleur, et on
a pris aussi, de Paris à Paris[2], une des miennes. Il s'en
faut bien que je n'y aie tant de regret, mais je suis
ravie, ma bonne, que vous vous en soyez aperçue. Je
m'étais fait un petit chagrin fichu dans la pensée que
vous n'y auriez pas pris garde.

Je reviens à la joie que j'eus de recevoir vos deux
lettres dans un même paquet, de la main crottée de ce
postillon. Je vis défaire la petite malle devant moi. Et
en même temps, *frast, frast*, je démêle le mien, et je
trouve enfin, ma bonne, que vous vous portez bien.
Vous m'écrivez dans la lettre d'Adhémar, et puis vous
m'écrivez de votre chef[3] au coin de votre feu, le
seizième de votre couche[4]. Ma bonne, rien n'est pareil
à la joie sensible que me donna cette assurance de
votre santé ; je vous conjure de n'en point abuser. Ne
m'écrivez point de grandes lettres ; restaurez-vous, et
ne commencez pas si tôt à vous épuiser. Hélas ! mon
enfant, vous avez été bien cruellement malade ; je
serais morte de voir un si long travail. On vous saigna
enfin[5] ; on commençait d'avoir peur. Quand je pense
à cet état, j'en suis troublée, et j'en tremble, et je ne

1. Curieux retour sur le passé, en chemin, qui montre que la
confiance souvent manifestée par la marquise sur la régularité
épistolaire de sa fille était affectée.
2. Au moment de la retransmission de la lettre à Paris.
3. De votre initiative, c'est-à-dire de votre main.
4. Le seizième jour après votre accouchement.
5. Curieuse médecine à la Molière que cette saignée pour un
accouchement.

puis me rendormir sur cette pensée, tant elle me frappe l'imagination.

Je mande à Mme de La Fayette et à M. d'Hacqueville ce que vous me mandez. J'eus la même pensée, et je trouvais que la Marans devait être contente, ou plutôt malcontente, puisqu'elle n'avait pas sujet d'exercer ses obligeantes et modestes pensées[1]. Je trouve plaisant que vous ayez songé à elle.

J'approuve fort que vous ne vous fassiez point saigner si tôt ; je crois que c'est ce qui fait tomber les cheveux que de ne pas attendre qu'ils soient raffermis dans la tête. J'écrirai à vos chères gardes. Mais la poste m'attend comme si j'étais gouvernante du Maine, et je prends plaisir de la faire attendre, par grandeur.

Je veux parler de mon petit garçon. Ah ! ma bonne, qu'il est joli ! Ses grands yeux sont bien une marque de votre honnêteté, mais c'est assez. Je vous prie que le nez ne demeure point longtemps *entre la crainte et l'espérance*[2] ; que cela est plaisamment dit ! Cette incertitude est étrange ; jamais un petit nez n'eut tant à craindre ni à espérer : il y a bien des nez entre les deux, qu'il peut choisir. Puisqu'il a de grands yeux, qu'il songe à vous contenter. Vous n'auriez que la bouche, puisqu'elle est petite ; ce ne serait pas assez. Ma bonne, vous l'aimez follement, mais donnez-le bien à Dieu, afin qu'il vous le conserve. D'où vient qu'il est si faible ? N'est-ce pas qu'il ne s'aidait pas pendant votre travail ? Car j'ai ouï dire aux femmes qui ont eu des enfants que c'est cette faiblesse qui fait

1. Elle avait fait des commentaires désagréables après la fausse couche de novembre 1669. Voir la lettre du 6 février précédent (n° 2 ; note 2 de p. 14).

2. La crainte que ce ne soit celui de son père, l'espérance que ce soit celui de sa mère. Voir une plaisanterie analogue sur le nez de Marie-Blanche dans la lettre du 21 juin 1671 (n° 12 ; note 2 de p. 67).

qu'on est bien malade. Enfin, ma bonne, conservez bien ce cher enfant, mais donnez-le à Dieu, si vous voulez qu'il vous le donne, cette répétition est d'une grand-mère chrétienne ; Mme Pernelle[1] en dirait autant, mais elle dirait bien.

Adieu, ma très bonne. Enfin la patience échappe à mon ami le postillon ; je ne veux pas abuser de son honnêteté. Je ne recevrai de vos lettres qu'à Paris. Je serai ravie d'embrasser ma petite mie ; vous la regardez comme un chien[2], et moi je veux l'aimer, notre Abbé, notre Mousse, et moi. J'embrasse ce Grignan, et je vous prie de vous souvenir de vos douleurs en temps et lieu, comme vous me le promettez. Pour Adhémar, je l'aime assurément ; a-t-il oublié qu'il est ma belle passion ? Tout de bon, je ne pense pas que j'écris ! J'écrirai mille amitiés à vos aimables gardes. La petite Deville m'a écrit une lettre admirable. Je suis à vous, ma chère et ma très chère.

19

A madame de Grignan

A Paris, mercredi 16 mars 1672.

Vous me parlez de mon départ. Ah ! ma chère fille ! je languis dans cet espoir charmant. Rien ne m'arrête

1. La dévote entichée de Tartuffe, dans la pièce de ce nom.
2. On a fait grief à Mme de Grignan de cette affirmation, toute gratuite, de sa mère. C'est oublier le caractère de plaisanterie du passage. Mme de Sévigné se moque de la trop grande affection de la comtesse pour ce premier fils.

que ma tante[1], qui se meurt de douleur et d'hydropisie. Elle me brise le cœur par l'état où elle est, et par tout ce qu'elle dit de tendresse et de bon sens. Son courage, sa patience, sa résignation, tout cela est admirable. M. d'Hacqueville et moi, nous suivons son mal jour à jour. Il voit mon cœur et la douleur que j'ai de n'être pas libre tout présentement. Je me conduis par ses avis ; nous verrons entre ci et Pâques. Si son mal augmente, comme il a fait depuis que je suis ici, elle mourra entre nos bras ; si elle reçoit quelque soulagement et qu'elle prenne le train de languir, je partirai dès que M. de Coulanges sera revenu[2]. Notre pauvre Abbé est au désespoir aussi bien que moi. Nous verrons comme cet excès de mal se tournera dans le mois d'avril. Je n'ai que cela dans la tête. Vous ne sauriez avoir tant d'envie de me voir que j'en ai de vous embrasser ; bornez votre ambition, et ne croyez pas me pouvoir jamais égaler là-dessus.

Mon fils me mande qu'ils sont misérables en Allemagne et ne savent ce qu'ils font. Il a été très affligé de la mort du chevalier de Grignan[3].

Vous me demandez, ma chère enfant, si j'aime toujours bien la vie. Je vous avoue que j'y trouve des chagrins cuisants. Mais je suis encore plus dégoûtée de la mort ; je me trouve si malheureuse d'avoir à

---

1. Henriette de Coulanges, sœur cadette de la mère de Mme de Sévigné, veuve en 1638 du marquis de La Trousse. Elle servit de chaperon à Mme de Sévigné dès le temps de son mariage, l'accompagnant même en Bretagne. Après la mort d'Henri de Sévigné, les deux femmes habitèrent ensemble, dans une maison louée à frais communs. Ces liens anciens expliquent le conflit entre le désir de la marquise de rejoindre au plus tôt sa fille et sa volonté de rester à Paris rendre les derniers devoirs à sa tante.

2. De Lyon, où il était chez son beau-père. Philippe-Emmanuel de Coulanges était le neveu de Mme de La Trousse. L'abbé de Coulanges était son frère.

3. Charles-Philippe, l'un des frères du comte, mort le 6 février.

finir tout ceci par elle, que si je pouvais retourner en
arrière, je ne demanderais pas mieux. Je me trouve
dans un engagement qui m'embarrasse ; je suis embarquée dans la vie sans mon consentement[1]. Il faut que
j'en sorte ; cela m'assomme. Et comment en sortirai-
je ? Par où ? Par quelle porte ? Quand sera-ce ? En
quelle disposition ? Souffrirai-je mille et mille douleurs, qui me feront mourir désespérée ? Aurai-je un
transport au cerveau ? Mourrai-je d'un accident ?
Comment serai-je avec Dieu ? Qu'aurai-je à lui présenter ? La crainte, la nécessité, feront-elles mon retour
vers lui ? N'aurai-je aucun autre sentiment que celui
de la peur ? Que puis-je espérer ? Suis-je digne du
paradis ? Suis-je digne de l'enfer ? Quelle alternative !
Quel embarras ! Rien n'est si fou que de mettre son
salut dans l'incertitude, mais rien n'est si naturel, et
la sotte vie que je mène est la chose du monde la plus
aisée à comprendre. Je m'abîme dans ces pensées, et
je trouve la mort si terrible que je hais plus la vie
parce qu'elle m'y mène que par les épines qui s'y
rencontrent. Vous me direz que je veux vivre éternellement. Point du tout, mais si on m'avait demandé
mon avis, j'aurais bien aimé à mourir entre les bras
de ma nourrice ; cela m'aurait ôté bien des ennuis et
m'aurait donné le ciel bien sûrement et bien aisément.
Mais parlons d'autre chose.

Je suis au désespoir que vous ayez eu *Bajazet*[2] par
d'autres que par moi. C'est ce chien de Barbin qui me
hait, parce que je ne fais pas des *Princesses de Clèves*

---

1. On songe à Pascal : « Nous sommes embarqués. » Mais Mme
de Sévigné se demande comment Dieu la recevra à l'heure de la
mort, non s'il y a un Dieu. Sa parfaite certitude à cet égard explique
son vœu de mourir dès après le baptême, sans avoir eu le temps de
pécher.

2. Pièce de Racine, qui venait de paraître.

et *de Montpensier*[1]. Vous en avez jugé très juste et très bien, et vous aurez vu que je suis de votre avis. Je voulais vous envoyer la Champmeslé[2] pour vous réchauffer la pièce. Le personnage de Bajazet est glacé. Les mœurs des Turcs y sont mal observées ; ils ne font point tant de façons pour se marier. Le dénouement n'est point bien préparé ; on n'entre point dans les raisons de cette grande tuerie. Il y a pourtant des choses agréables ; et rien de parfaitement beau, rien qui enlève, point de ces tirades de Corneille qui font frissonner. Ma fille, gardons-nous bien de lui comparer Racine ; sentons-en la différence. Il y a des endroits froids et faibles, et jamais il n'ira plus loin qu'*Alexandre* et qu'*Andromaque*[3]. *Bajazet* est au-dessous, au sentiment de bien des gens, et au mien si j'ose me citer. Racine fait des comédies pour la Champmeslé ; ce n'est pas pour les siècles à venir. Si jamais il n'est plus jeune et qu'il cesse d'être amoureux, ce ne sera plus la même chose. Vive donc notre vieil ami Corneille ! Pardonnons-lui de méchants vers, en faveur des divines et sublimes beautés qui nous transportent ; ce sont des traits de maître qui sont inimitables. Despréaux[4] en dit encore plus que moi, et en un mot, c'est le bon goût ; tenez-vous-y.

Voici un bon mot de Mme Cornuel, qui a fort réjoui

1. *La Princesse de Montpensier* de Mme de La Fayette était parue en 1662, sans nom d'auteur, chez Thomas Jolly et autres libraires, non chez Barbin. *La Princesse de Clèves* parut chez Barbin, mais en 1678 seulement. Perrin a dû maladroitement remanier le texte, qui signifie que, n'étant pas un auteur à succès comme son amie, Mme de Sévigné ne reçoit pas de lui les nouveautés aussi vite qu'elle.

2. Actrice célèbre et maîtresse de Racine, qui lui apprenait, dit-on, ses rôles vers par vers.

3. La deuxième et la troisième pièce de Racine, qui avaient commencé son succès.

4. Nom usuel au XVIIᵉ siècle du poète satirique Boileau.

le parterre¹. M.Tambonneau le fils a quitté la robe, et
a mis une sangle au-dessous de son ventre et de son
derrière. Avec ce bel air, il veut aller sur la mer ; je
ne sais ce que lui a fait la terre. On disait donc à
Mme Cornuel qu'il s'en allait à la mer : « Hélas ! dit-
elle, est-ce qu'il a été mordu d'un chien enragé² ? »
Cela fut dit sans malice ; c'est ce qui a fait rire
extrêmement.

Mme de Courcelles est fort embarrassée ; on lui
refuse toutes ses requêtes. Mais elle dit qu'elle espère
qu'on aura pitié d'elle, puisque ce sont des hommes
qui sont ses juges. Notre Coadjuteur ne lui ferait point
de grâce présentement ; vous me le représentez dans
les occupations de saint Ambroise³.

Il me semble que vous deviez vous contenter que
votre fille fût faite à son image et semblance. Votre
fils lui veut aussi ressembler, mais, sans offenser la
beauté du Coadjuteur, où est donc la belle bouche de
ce petit garçon ? où sont ses agréments ? Il ressemble
donc à sa sœur ; vous m'embarrassez fort par cette
ressemblance⁴. Je vous aime bien, ma chère fille, de
n'être point grosse. Consolez-vous d'être belle *inutilement*, par le plaisir de n'être pas toujours mourante.

Je ne saurais vous plaindre de n'avoir point de
beurre en Provence, puisque vous avez de l'huile
admirable et d'excellent poisson. Ah ! ma fille, que je
comprends bien ce que peuvent faire et penser des

1. Le public. Mme Cornuel était célèbre pour son esprit.
2. Mme de Sévigné a rapporté dans des lettres antérieures
comment des belles dames de la cour étaient allées se tremper dans
la mer après avoir été mordues. C'était alors le seul remède que
l'on connaissait contre la rage.
3. Il menait une vie austère, résistant aux tentations de la chair.
De mœurs légères, la jolie Mme de Courcelles (22 ans) devait être
jugée sur plainte de son mari pour un procès en adultère.
4. Voir ci-dessus, pp. 67 et 83.

gens comme vous, au milieu de votre Provence ! Je la
trouverai comme vous, et je vous plaindrai toute ma
vie d'y passer de si belles années de la vôtre. Je suis
si peu désireuse de briller dans votre cour de Provence,
et j'en juge si bien par celle de Bretagne, que par la
même raison qu'au bout de trois jours à Vitré, je ne
respirais que les Rochers, je vous jure devant Dieu
que l'objet de mes désirs, c'est de passer l'été à Grignan
avec vous ; voilà où je vise, et rien au-delà. Mon vin
de Saint-Laurent[1] est chez Adhémar ; je l'aurai demain
matin. Il y a longtemps que je vous en ai remerciée *in
petto*[2] ; cela est bien obligeant.

Monsieur de Laon[3] aime bien cette manière d'être
cardinal. On assure que l'autre jour M. de Montausier,
parlant à Monsieur le Dauphin de la dignité des
cardinaux, lui dit que cela dépendait du pape, et que
s'il voulait faire cardinal un palefrenier, il le pourrait.
Là-dessus le cardinal de Bonzi arrive. Monsieur le
Dauphin lui dit : « Monsieur, est-il vrai que si le pape
voulait, il ferait cardinal un palefrenier ? » M. de Bonzi
fut surpris et devinant l'affaire, il lui répondit : « Il
est vrai, monsieur, que le pape choisit qui il lui plaît,
mais nous n'avons pas vu, jusqu'ici, qu'il ait pris des
cardinaux dans son écurie. » C'est le cardinal de
Bouillon qui m'a conté ce détail.

J'ai fort entretenu Monsieur d'Uzès. Il vous man-
dera la conférence qu'il a eue ; elle est admirable. Il a
un esprit posé et des paroles mesurées, qui sont d'un
grand poids dans ces occasions. Il fait et dit toujours
très bien partout.

---

1. Ce Saint-Laurent, sur la rive droite du Rhône, faisait partie
des terres que le comte de Grignan possédait en Languedoc.
2. En moi-même, sans le dire. Ainsi les papes nommaient-ils
certains cardinaux, attendant le moment opportun pour les déclarer.
D'où le lien des idées avec l'anecdote qui suit.
3. L'évêque de Laon.

On disait de Jarzé[1] ce qu'on vous a dit, mais cela est incertain. On prétend que la joie de la dame[2] n'est pas médiocre pour le retour du chevalier de Lorraine. On dit aussi que le comte de Guiche et Mme de Brissac sont tellement sophistiqués qu'ils auraient besoin d'un truchement[3] pour s'entendre eux-mêmes. Écrivez un peu à notre Cardinal[4] ; il vous aime. Le faubourg[5] vous aime. Mme Scarron vous aime ; elle passe ici le carême, et céans presque tous les soirs. Barrillon y est encore, et plût à Dieu, ma belle, que vous y fussiez aussi ! Adieu, mon enfant ; je ne finis point. Je vous défie de pouvoir comprendre combien je vous aime.

20

A madame de Grignan

A Paris, vendredi 17 juin,
à 11 heures du soir 1672[6].

Je viens d'apprendre, ma fille, une triste nouvelle, dont je ne vous dirai point le détail, parce que je ne le sais pas. Mais je sais qu'au passage de l'Yssel, sous

1. Il était en disgrâce. Le bruit de son retour avait couru, à tort.
2. Mme de Coëtquen, qui avait été sa maîtresse.
3. D'un interprète tant ils emploient un langage compliqué qu'ils ne comprennent pas eux-mêmes.
4. Le cardinal de Retz.
5. Mme de La Fayette et La Rochefoucauld, qui habitaient le faubourg Saint-Germain.
6. Cette lettre, dont le début a été perdu, comporte un double récit, qui montre comment Mme de Sévigné rapporte une nouvelle d'importance au fur et à mesure qu'elle l'apprend, ajoutant des morceaux à sa lettre, ou plus vraisemblablement y faisant porter successivement ses ajouts jusqu'à la limite du départ de la poste, en principe close le soir, mais qui partait le matin.

les ordres de Monsieur le Prince, M. de Longueville[1] a été tué ; cette nouvelle accable. J'étais chez Mme de La Fayette quand on vint l'apprendre à M. de La Rochefoucauld, avec la blessure de M. de Marsillac et la mort du chevalier de Marsillac[2]. Cette grêle est tombée sur lui en ma présence. Il a été très vivement affligé. Ses larmes ont coulé du fond du cœur, et sa fermeté l'a empêché d'éclater.

Après ces nouvelles, je ne me suis pas donné la patience de rien demander. J'ai couru chez Mme de Pomponne[3], qui m'a fait souvenir que mon fils est dans l'armée du Roi, laquelle n'a eu nulle part à cette expédition ; elle était réservée à Monsieur le Prince. On dit qu'il est blessé ; on dit qu'il a passé la rivière dans un petit bateau ; on dit que Nogent a été noyé ; on dit que Guitry est tué ; on dit que M. de La Feuillade et M. de Roquelaure sont blessés et qu'il y en a une infinité qui ont péri en cette rude occasion. Quand je saurai le détail de cette nouvelle, je vous le manderai.

Voilà Guitaut qui m'envoie un gentilhomme qui vient de l'hôtel de Condé. Il me dit que Monsieur le Prince a été blessé à la main. M. de Longueville avait forcé la barrière, où il s'était présenté le premier ; il a été aussi le premier tué sur-le-champ. Tout le reste est assez pareil. MM. de Guitry et de Nogent noyés ; M. de Marsillac blessé, comme j'ai dit, et une grande quantité d'autres, qu'on ne sait pas encore. Mais enfin l'Yssel est passé. Monsieur le Prince l'a passé trois ou

1. Fils adultérin de Mme de Longueville, sœur de Condé (Monsieur le Prince), et de La Rochefoucauld.
2. Fils légitimes de La Rochefoucauld.
3. Femme du ministre des Affaires étrangères de Louis XIV, et censée à ce titre être mieux informée.

quatre fois en bateau, tout paisiblement, donnant ses ordres partout avec cette valeur divine qu'on lui connaît. On assure qu'après cette première difficulté, on ne trouve plus d'ennemis ; ils sont retirés dans leurs places. La blessure de M. de Marsillac est un coup de mousquet dans l'épaule, et un autre dans la mâchoire, sans casser l'os. Adieu, ma très chère enfant ; j'ai l'esprit un peu hors de sa place, quoique mon fils soit dans l'armée du Roi, mais il y aura tant d'occasions que cela fait trembler et mourir.

21

A madame de Grignan

A Paris, lundi 27 juin 1672.

Ma pauvre tante reçut hier l'extrême-onction ; vous ne vîtes jamais un spectacle plus triste. Elle respire encore, voilà tout ce que je vous puis dire. Vous saurez le reste dans son temps, mais enfin il est impossible de n'être pas sensiblement touchée de voir finir si cruellement une personne qu'on a toujours aimée et fort honorée. Vous dites là-dessus tout ce qui se peut dire de plus honnête et de plus raisonnable ; j'en userai selon vos avis. Et après avoir décidé, je vous ferai part de la victoire, et partirai sans avoir les remords et les inquiétudes que je prévoyais ; tant il est impossible de ne pas se tromper dans tout ce que l'on pense ! J'avais imaginé que je serais déchirée entre le déplaisir de quitter ma tante et les craintes de la guerre pour mon fils. Dieu a mis ordre à l'un ; je rendrai tous mes derniers devoirs. Et le bonheur du Roi a pourvu à l'autre, puisque toute la Hollande se rend sans résistance, et que les députés sont à la cour[1], comme je vous l'avais mandé l'autre jour. Ainsi, ma fille, défaisons-nous de croire que nous puissions rien penser de juste sur l'avenir, et considérons seulement le malheur de Mme de Longueville, puisque c'est une chose passée ; voilà sur quoi nous pouvons parler. Enfin la guerre n'a été faite que pour tuer son pauvre enfant. Le moment d'après, tout se tourne à la paix, et enfin le Roi n'est plus occupé qu'à recevoir les députés des villes qui se rendent. Il reviendra comte de Hollande. Cette victoire est admirable, et fait voir que rien ne peut résister aux forces et à la conduite de Sa Majesté. Le plus sûr, c'est de l'honorer et de le craindre, et de n'en parler qu'avec admiration.

J'ai vu enfin Mme de Longueville. Le hasard me plaça près de son lit ; elle m'en fit approcher encore davantage, et me parla la première, car, pour moi, je ne sais point de paroles dans une telle occasion. Elle me dit qu'elle ne doutait pas qu'elle ne m'eût fait pitié, que rien ne manquait à son malheur. Elle me parla de Mme de La Fayette, de M. d'Hacqueville, comme de ceux qui la plaindraient le plus. Elle me parla de mon fils, et de l'amitié que son fils avait pour lui[2]. Je ne vous dis point mes réponses ; elles furent comme elles devaient être et, de bonne foi, j'étais si touchée que je ne pouvais pas mal dire ; la foule me chassa. Mais enfin la circonstance de la paix est une sorte d'amertume qui me blesse jusqu'au cœur, quand je me mets à sa place. Quand je me tiens à la mienne,

1. Le 29 juin, les Hollandais envoyèrent des ambassadeurs, mais la négociation échoua devant l'intransigeance de Louvois. Ils avaient ouvert les écluses. La guerre fut longue et plus difficile que prévu.
2. Charles et le duc, qui n'avait que deux ans de plus que Charles, avaient servi ensemble comme volontaires dans l'expédition de Candie.

j'en loue Dieu, puisqu'elle conserve mon pauvre Sévigné et tous nos amis.

Vous êtes présentement à Grignan. Vous me voulez effrayer de la pensée de ne me point promener, et de n'avoir ni poires ni pêches[1]. Mais, ma chère enfant, vous y serez peut-être, et quand je serai lasse de compter vos olives, ne pourrai-je point aller sur vos belles terrasses ? et ne me voulez-vous point donner des figues et des muscats ? Vous avez beau dire : je m'exposerai à la sécheresse du pays, espérant bien de n'en trouver que là. Je prévois seulement une brouillerie entre nous ; c'est que vous voudrez que j'aime votre fils plus que votre fille, et je ne crois pas que cela puisse être. Je me suis tellement engagée d'amitié avec cette petite que je sens un véritable chagrin de ne la pouvoir mener.

M. de La Rochefoucauld est fort en peine de la blessure de M. de Marsillac ; il craint que son malheur ne lui donne la gangrène. Je ne sais si vous devez écrire à Mme de Longueville ; je crois que oui.

On a fait une assez plaisante folie de la Hollande. C'est une comtesse âgée d'environ cent ans ; elle est bien malade ; elle a autour d'elle quatre médecins : ce sont les rois d'Angleterre, d'Espagne, de France et de Suède. Le roi d'Angleterre lui dit : « Montrez la langue : ah ! la mauvaise langue ! » Le roi de France tient le pouls et dit : « Il faut une grande saignée. » Je ne sais ce que disent les deux autres, car je suis abîmée dans la mort. Mais enfin, cela est assez juste et assez plaisant.

Je suis fort aise que vous ne soyez point grosse[2].

___

1. Fruits du nord, par opposition aux figues et aux raisins muscats, fruits du midi. Sur la terrasse, voir ci-dessus p. 66, note 1 (lettre n° 12).
2. Enceinte.

Vous serez bientôt remise de tous vos autres maux. Je n'ai pas de foi à votre laideur. J'ai vu deux ou trois Provençaux ; j'ai oublié leurs noms. Mais enfin la Provence m'est devenue fort chère. Elle m'a effacé la Bretagne et la Bourgogne ; je les méprise.

22

A madame de Grignan

A Paris, ce lundi 11 juillet 1672.

Ne parlons plus de mon voyage, ma pauvre bonne ; il y a si longtemps que nous ne faisons autre chose qu'enfin cela fatigue. C'est comme les longues maladies qui usent la douleur ; les longues espérances usent toute la joie. Vous aurez dépensé tout le plaisir de me voir en attendant ; quand j'arriverai, vous serez tout accoutumée à moi.

J'ai été obligée de rendre les derniers devoirs à ma tante[1] ; il a fallu encore quelques jours au-delà. Enfin, voilà qui est fait. Je pars mercredi, et vais coucher à Essonnes ou à Melun. Je vais par la Bourgogne. Je ne m'arrêterai point à Dijon[2]. Je ne pourrai pas refuser quelques jours en passant à quelque vieille tante que je n'aime guère[3]. Je vous écrirai d'où je pourrai ; je ne puis marquer aucun jour. Le temps est divin ; il a plu comme pour le Roi[4]. Notre Abbé est gai et content ;

1. Henriette de La Trousse était morte le jeudi 30 juin.
2. Mme de Sévigné prendra une route laissant Dijon à l'est, par Auxerre et Saulieu.
3. Françoise de Rabutin, comtesse de Toulongeon, sœur de son père. Par le cœur, Mme de Sévigné est toute Coulanges, pas du tout Rabutin.
4. Comme il pleut quand le Roi part en voyage, avant, non pendant. C'est sa chance (voir le début de la lettre du 24 avril 1671, n° 7).

La Mousse est un peu effrayé de la grandeur du voyage, mais je lui donnerai du courage. Pour moi, je suis ravie. Et si vous en doutez, mandez-le-moi à Lyon, afin que je m'en retourne sur mes pas. Voilà, ma bonne, tout ce que je vous manderai.

Votre lettre du 3 est un peu séchette, mais je ne m'en soucie guère. Vous me dites que je vous demande pourquoi vous avez ôté La Porte[1]. Si je l'ai fait, j'ai tort, car je le savais fort bien. Mais j'ai cru vous avoir demandé pourquoi vous ne m'en aviez point avertie, car je fus tout étonnée de le voir. Je suis fort aise que vous ne l'ayez plus ; vous savez ce que je vous en avais mandé.

M. de Coulanges vous parlera de votre lit d'ange[2]. Pour moi, je veux vous louer de n'être point grosse[3], et vous conjurer de ne la point devenir. Si ce malheur vous arrivait dans l'état où vous êtes de votre maladie, vous seriez maigre et laide pour jamais. Donnez-moi le plaisir de vous retrouver aussi bien que je vous ai donnée et de pouvoir un peu trotter avec moi, où la fantaisie nous prendra d'aller. M. de Grignan vous doit donner, et à moi, cette marque de sa complaisance. Ne croyez donc pas que vos belles actions ne soient pas remarquées ; les beaux procédés méritent toujours des louanges. Continuez, voilà tout.

Vous me parlez de votre dauphin. Je vous plains de l'aimer si tendrement ; vous aurez beaucoup de douleurs et de chagrins à essuyer. Je n'aime que trop la

1. Ce gentilhomme du comte de Grignan venait d'être congédié et remplacé.
2. Un lit d'ange était un lit sans colonnes et dont on retroussait les rideaux.
3. De ne point être enceinte. Mme de Grignan l'était. Elle accouchera à la fin de mars 1673. Ce fut une cause de fâcherie entre les deux femmes.

petite de Grignan[1]. Contre toutes mes résolutions je l'ai donc ôtée de Livry ; elle est cent fois mieux ici. Elle a commencé à me faire trouver que j'avais bien fait. Elle a eu, depuis mon retour, une très jolie petite vérole volante, dont elle n'a point été du tout malade ; ce que le petit Pecquet[2] a traité en deux visites aurait fait un grand embarras, si elle avait été à Livry. Vous me demanderez si je l'ai toujours vue : je vous dirai que oui ; je ne l'ai point abandonnée. Je suis pour le mauvais air, comme vous êtes pour les précipices ; il y a des gens avec qui je ne les crains pas. Enfin je la laisse en parfaite santé, au milieu de toutes sortes de secours. Mme du Puy-du-Fou et Pecquet la sèvreront à la fin d'août[3]. Et comme la nourrice est une femme attachée à son ménage, à son mari, à ses enfants, à ses vendanges et à tout, Mme du Puy-du-Fou m'a promis de me donner une femme pour en avoir soin, afin de donner la liberté à la nourrice de pouvoir s'en aller. Et la petite demeurera ici, avec cette femme qui aura l'œil à tout, Marie que ma petite aime et connaît fort, la bonne mère Jeanne, qui fera toujours leur petit ménage, M. de Coulanges et Mme de Sanzei, qui en auront un soin extrême. Et de cette sorte, nous en aurons l'esprit en repos. J'ai été fort approuvée de l'avoir ramenée ici ; Livry n'est pas trop bon sans moi pour ces sortes de gens-là. Voilà qui est donc réglé.

DE COULANGES

Dans quelque lit que vous soyez couchée, vous pouvez vous vanter que vous êtes couchée dans un lit d'ange ; c'est votre lit, Madame. Votre lit, c'est un lit d'ange, de quelque manière qu'il soit retroussé. Mais je ne crois pas qu'il n'y ait

1. Marie-Blanche, née en novembre 1670.
2. Médecin.
3. A vingt et un mois, selon l'usage du temps qui prolongeait longtemps l'allaitement.

que votre lit qui soit un lit d'ange ; c'est un lit d'ange que celui de mon charmant Marquis[1]. Voilà un homme bien raisonnable et une pauvre femme bien contente[2].

Celui de M. de Coulanges n'est pas tendu par les pieds. Il y a cinq fers en cinq sur le bois de lit, d'où pendent cinq rubans qui soutiennent en l'air les trois grands rideaux et les deux cantonnières. Les bonnes grâces sont retirées vers le chevet avec un ruban[3]. Adieu, ma bonne. M. de Grignan veut-il bien que je lui rende une visite dans son beau château ?

Pour une créature que j'aime passionnément.

23
A madame de Grignan

A Auxerre, samedi 16 juillet 1672.

Enfin, ma fille, nous voilà. Je suis encore bien loin de vous, et je sens pourtant déjà le plaisir d'en être plus près[4]. Je partis mercredi de Paris, avec le chagrin

1. Le petit Louis-Provence auquel on donnait déjà le titre de marquis.
2. Mme de Sévigné est la femme bien contente, et Coulanges l'homme raisonnable, qui n'écoute pas son envie de partir avec elle voir la comtesse.
3. Il s'agit toujours du lit. Les lettres de Mme de Sévigné ne sont pas dépourvues de détails matériels, souvent peu clairs pour nous. Les cantonnières couvraient les colonnes du pied du lit, les bonnes grâces étaient des demi-rideaux aux deux côtés du chevet.
4. Mme de Sévigné était au tiers de son voyage. Elle mit en tout dix-sept jours de Paris à Grignan, après des arrêts chez des parents ou amis à Alone, Montjeu, Lyon. Dans cette ville, elle s'embarqua sur le Rhône, et débarqua le 30 juillet 1672 près de Donzère, à quatorze kilomètres de Grignan. Elle resta en Provence près de sa fille jusqu'au 5 octobre 1673.

de n'avoir pas reçu de vos lettres le mardi. L'espérance de vous trouver au bout d'une si longue carrière me console. Tout le monde nous assurait agréablement que je voulais faire mourir notre cher Abbé, de l'exposer dans un voyage de Provence au milieu de l'été[1]. Il a eu le courage de se moquer de tous ces discours, et Dieu l'en a récompensé par un temps à souhait. Il n'y a point de poussière, il fait frais et les jours sont d'une longueur infinie. Voilà tout ce qu'on peut souhaiter. Notre Mousse prend courage. Nous voyageons un peu gravement ; M. de Coulanges nous eût été bon pour nous réjouir. Nous n'avons point trouvé de lecture qui fût digne de nous que Virgile, non pas *travesti*, mais dans toute la majesté du latin et de l'italien[2]. Pour avoir de la joie, il faut être avec des gens réjouis ; vous savez que je suis comme on veut, mais je n'invente rien.

Je suis un peu triste de ne plus savoir ce qui se passe en Hollande. Quand je suis partie, on était entre la paix et la guerre. C'était le pas le plus important où la France se soit trouvée depuis très longtemps. Les intérêts particuliers s'y rencontrent avec ceux de l'État.

Adieu donc, ma chère enfant. J'espère que je trouverai de vos nouvelles à Lyon. Vous êtes très obligée à notre cher Abbé et à La Mousse ; à moi, point du tout.

---

1. Rien n'apparaît alors plus déraisonnable qu'un voyage en Provence à la fin de juillet. On est loin de la ruée des touristes vers le soleil !

2. Mme de Sévigné lit en italien, et La Mousse en latin (voir la lettre du 21 juin 1671, nº 12, p. 65, note 1).

Lettres brèves
et extraits de lettres

1

Autour de Mme de Sévigné

« Je vous écris », dit l'épistolier. Rien d'étonnant si son *moi*, celui du destinataire et les liens des correspondants occupent une place privilégiée dans les lettres. On a recueilli dans cette section les passages qui s'organisent autour de Mme de Sévigné et de ses rapports avec ceux auxquels elle a écrit.

24

A Bussy-Rabutin

Des Rochers, le dimanche 15 mars 1648.

Je vous trouve un plaisant mignon de ne m'avoir pas écrit depuis deux mois. Avez-vous oublié qui je suis, et le rang que je tiens dans la famille ? Ah ! vraiment, petit cadet, je vous en ferai bien ressouvenir ; si vous me fâchez, je vous réduirai au lambel[1]. Vous savez que je suis sur la fin d'une grossesse, et je ne trouve en vous non plus d'inquiétude de ma santé que si j'étais encore fille. Eh bien, je vous apprends, quand vous en devriez enrager, que je suis accouchée d'un garçon[2], à qui je vais faire sucer la haine contre vous avec le lait, et que j'en ferai encore bien d'autres, seulement pour vous faire des ennemis. Vous n'avez pas eu l'esprit d'en faire autant, le beau faiseur de filles[3].

Mais c'est assez vous cacher ma tendresse, mon cher cousin ; le naturel l'emporte sur la politique. J'avais envie de vous gronder de votre paresse depuis le commencement de ma lettre jusqu'à la fin ; mais je me fais trop de violence, et il en faut revenir à vous dire que M. de Sévigné et moi vous aimons fort, et que nous parlons souvent du plaisir qu'il y a d'être avec vous.

1. Brisure placée dans les armoiries des branches cadettes.
2. Charles de Sévigné, né le 12 mars 1648.
3. Bussy n'avait alors que trois filles, et pas de garçons.

25

A Pomponne

A Paris, jeudi 27 novembre 1664.

[...] Il faut que je vous conte ce que j'ai fait. Imaginez-vous que des dames m'ont proposé d'aller dans une maison qui regarde droit dans l'Arsenal pour voir revenir notre pauvre ami[1] ; j'étais masquée. Je l'ai vu venir d'assez loin. M. d'Artagnan[2] était auprès de lui ; cinquante mousquetaires derrière, à trente ou quarante pas. Il paraissait assez rêveur. Pour moi, quand je l'ai aperçu, les jambes m'ont tremblé, et le cœur m'a battu si fort que je n'en pouvais plus. En s'approchant de nous pour rentrer dans son trou, M. d'Artagnan l'a poussé, et lui a fait remarquer que nous étions là. Il nous a donc saluées, et a pris cette mine riante que vous connaissez. Je ne crois pas qu'il m'ait reconnue, mais je vous avoue que j'ai été étrangement saisie, quand je l'ai vu rentrer dans cette petite porte. Si vous saviez combien on est malheureuse quand on a le cœur fait comme je l'ai, je suis assurée que vous auriez pitié de moi ; mais je pense que vous n'en êtes pas quitte à meilleur marché, de la manière dont je vous connais.

J'ai été voir votre chère voisine[3] ; je vous plains autant de ne l'avoir plus que nous nous trouvons heureux de l'avoir. Nous avons bien parlé de notre

1. Nicolas Foucquet, le surintendant déchu, dont Mme de Sévigné raconte en détail le procès à leur ami commun, Simon Arnauld de Pomponne.
2. Le célèbre capitaine de mousquetaires, héros de roman dès son vivant.
3. Mme du Plessis-Guénégaud, dont le salon était célèbre, avait une maison de campagne à Fresnes, tout près de Pomponne.

cher ami ; elle avait vu *Sapho*[1], qui lui a redonné du courage. Pour moi j'irai demain en reprendre chez elle, car de temps en temps, je sens que j'ai besoin de réconfort. Ce n'est pas que l'on ne dise mille choses qui doivent donner de l'espérance, mais, mon Dieu ! j'ai l'imagination si vive que tout ce qui est incertain me fait mourir. [...]

26
A Bussy-Rabutin

A Paris, ce jeudi 26 juillet 1668.

[...] Nous sommes proches, et de même sang. Nous nous plaisons ; nous nous aimons, nous prenons intérêt dans nos fortunes. Vous me parlez de vous avancer de l'argent sur les dix mille écus que vous aviez à toucher dans la succession de Monsieur de Chalon[2]. Vous dites que je vous l'ai refusé, et moi, je dis que je vous l'ai prêté. Car vous savez fort bien, et notre ami Corbinelli en est témoin, que mon cœur le voulut d'abord, et que lorsque nous cherchions quelques formalités pour avoir le consentement de Neuchèze[3], afin d'entrer en votre place pour être payé[4], l'impatience vous prit ; et m'étant trouvée par malheur assez

1. Mlle de Scudéry devait ce surnom à un des personnages de son roman à succès, *Le Grand Cyrus*.
2. Jacques de Neuchèze, évêque de Chalon, fils d'une sœur de la grand-mère de Mme de Sévigné (la mère Jeanne de Chantal), n'était l'oncle de celle-ci qu'à la mode de Bretagne.
3. Le frère et héritier de l'évêque.
4. Bussy, qui avait épousé une petite-fille de la mère de Chantal, se trouvait par alliance au même degré de parenté que Mme de Sévigné par rapport à l'évêque. Celle-ci devait avancer de l'argent à son cousin, puis en être remboursée en touchant à sa place sa part d'héritage de l'oncle.

imparfaite de corps et d'esprit pour vous donner sujet
de faire un fort joli portrait de moi, vous le fîtes, et
vous préférâtes à notre ancienne amitié, à votre nom,
et à la justice même, le plaisir d'être loué de votre
ouvrage[1]. Vous savez qu'une dame de vos amies[2] vous
obligea généreusement de le brûler. Elle crut que vous
l'aviez fait ; je le crus aussi. Et quelque temps après,
ayant su que vous aviez fait des merveilles sur le sujet
de M. Foucquet et le mien, cette conduite acheva de
me faire revenir. Je me raccommodai avec vous à
mon retour de Bretagne. Mais avec quelle sincérité ?
vous le savez. Vous savez encore notre voyage de
Bourgogne, et avec quelle franchise je vous redonnai
toute la part que vous aviez jamais eue dans mon
amitié. Je reviens entêtée de votre société.

Il y eut des gens qui me dirent en ce temps-là :
« J'ai vu votre portrait entre les mains de Mme de La
Baume[3], je l'ai vu. » Je ne réponds que par un sourire
dédaigneux, ayant pitié de ceux qui s'amusaient à
croire à leurs yeux. « Je l'ai vu », me dit-on encore au
bout de huit jours, et moi de sourire encore. Je le
redis en riant à Corbinelli ; il reprit le même sourire
moqueur qui m'avait déjà servi en deux occasions, et
je demeurai cinq ou six mois de cette sorte, faisant
pitié à ceux dont je m'étais moquée. Enfin le jour
malheureux arriva, où je vis moi-même, et de mes
propres yeux *bigarrés*[4], ce que je n'avais pas voulu
croire. Si les cornes me fussent venues à la tête,
j'aurais été bien moins étonnée. Je le lus, et je le relus,

1. L'*Histoire amoureuse des Gaules*, roman satirique, qui connut
un très grand succès.
2. Mme de Montglas, alors maîtresse de Bussy.
3. Autre amie de Bussy, à laquelle il avait confié pour peu de
temps le manuscrit de son roman, mais elle en prit copie, la montra,
et fut à l'origine de sa divulgation, puis de sa publication.
4. Bussy l'a dépeinte « inégale jusqu'aux prunelles des yeux ».

ce cruel portrait ; je l'aurais trouvé très joli s'il eût été d'une autre que de moi, et d'un autre que de vous. Je le trouvai même si bien enchâssé, et tenant si bien sa place dans le livre, que je n'eus pas la consolation de me pouvoir flatter qu'il fût d'un autre que de vous. Je le reconnus à plusieurs choses que j'en avais ouï dire plutôt qu'à la peinture de mes sentiments, que je méconnus entièrement. Enfin je vous vis au Palais-Royal, où je vous dis que ce livre courait. Vous voulûtes me conter qu'il fallait qu'on eût fait ce portrait de mémoire, et qu'on l'avait mis là. Je ne vous crus point du tout. Je me ressouvins alors des avis qu'on m'avait donnés, et dont je m'étais moquée. Je trouvai que la place où était ce portrait était si juste que l'amour paternel vous avait empêché de vouloir défigurer cet ouvrage, en l'ôtant d'un lieu où il tenait si bien son coin. Je vis que vous vous étiez moqué et de Mme de Montglas et de moi, que j'avais été votre dupe, que vous aviez abusé de ma simplicité, et que vous aviez eu sujet de me trouver bien innocente, en voyant le retour de mon cœur pour vous et sachant que le vôtre me trahissait ; vous savez la suite.

Être dans les mains de tout le monde, se trouver imprimée, être le livre de divertissement de toutes les provinces, où ces choses-là font un tort irréparable, se rencontrer dans les bibliothèques, et recevoir cette douleur, par qui ? Je ne veux point vous étaler davantage toutes mes raisons. Vous avez bien de l'esprit ; je suis assurée que si vous voulez faire un quart d'heure de réflexions, vous les verrez, et vous les sentirez comme moi. [...]

Voilà ce que je voulais vous dire une fois en ma vie, en vous conjurant d'ôter de votre esprit que ce soit moi qui aie tort. Gardez ma lettre, et la relisez, si jamais la fantaisie vous prenait de le croire, et soyez juste là-dessus, comme si vous jugiez d'une chose qui

se fût passée entre deux autres personnes. Que votre
intérêt ne vous fasse point voir ce qui n'est pas ;
avouez que vous avez cruellement offensé l'amitié qui
était entre nous, et je suis désarmée. Mais de croire
que si vous répondez, je puisse jamais me taire, vous
auriez tort, car ce m'est une chose impossible. Je
verbaliserai toujours. Au lieu d'écrire en deux mots,
comme je vous l'avais promis, j'écrirai en deux mille,
et enfin j'en ferai tant, par des lettres d'une longueur
cruelle et d'un ennui mortel, que je vous obligerai
malgré vous à me demander pardon, c'est-à-dire à me
demander la vie[1]. Faites-le donc de bonne grâce. [...]

27

A monsieur de Grignan

A Paris, mercredi 6 août 1670.

Est-ce qu'en vérité je ne vous ai pas donné la plus
jolie femme du monde ? Peut-on être plus honnête,
plus régulière ? Peut-on vous aimer plus tendrement ?
Peut-on avoir des sentiments plus chrétiens ? Peut-on
souhaiter plus passionnément d'être avec vous ? Et
peut-on avoir plus d'attachement à tous ses devoirs ?
Cela est assez ridicule que je dise tant de bien de ma
fille, mais c'est que j'admire sa conduite comme les
autres ; et d'autant que je la vois de plus près, et qu'en
vérité, quelque bonne opinion que j'eusse d'elle sur
les choses principales, je ne croyais point du tout
qu'elle dût être exacte sur toutes les autres au point
qu'elle l'est. Je vous assure que le monde aussi lui
rend bien justice, et qu'elle ne perd aucune des
louanges qui lui sont dues. Voilà mon ancienne thèse,

1. Comme dans un duel que l'on a perdu.

qui me fera lapider un jour : c'est que le public n'est ni fou ni injuste ; Mme de Grignan doit être trop contente de lui pour disputer contre moi présentement.

Elle a été dans des peines de votre santé qui ne sont pas concevables ; je me réjouis que vous soyez guéri, pour l'amour de vous et pour l'amour d'elle. Je vous prie que si vous avez encore quelque bourrasque à essuyer de votre bile[1], vous obteniez d'elle d'attendre que ma fille soit accouchée. Elle se plaint encore tous les jours de ce qu'on l'a retenue ici, et dit tout sérieusement que cela est bien cruel de l'avoir séparée de vous. Il semble que ce soit par plaisir que nous vous ayons mis à deux cents lieues d'elle. Je vous prie sur cela de calmer son esprit, et de lui témoigner la joie que vous avez d'espérer qu'elle accouchera heureusement ici[2]. Rien n'était plus impossible que de l'emmener dans l'état où elle était ; et rien ne sera si bon pour sa santé, et même pour sa réputation, que d'y accoucher au milieu de ce qu'il y a de plus habile, et d'y être demeurée avec la conduite qu'elle a. Si elle voulait après cela devenir folle et coquette, elle le serait plus d'un an avant qu'on le pût croire, tant elle a donné bonne opinion de sa sagesse. Je prends à témoin tous les Grignan qui sont ici de la vérité de tout ce que je dis. La joie que j'en ai a bien du rapport à vous, car je vous aime de tout mon cœur, et suis ravie que la suite ait si bien justifié votre goût.

Je ne vous dis aucune nouvelle ; ce serait aller sur les droits de ma fille. Je vous conjure seulement de croire qu'on ne peut s'intéresser plus tendrement que je fais à ce qui vous touche.

1. Le comte avait les intestins relativement fragiles.
2. Ce sera de Marie-Blanche, en novembre 1670.

28

A Ménage

A Aix, vendredi 23 juin 1673.

Votre souvenir m'a donné une joie sensible, et m'a réveillé tout l'agrément de notre ancienne amitié[1]. Vos vers m'ont fait souvenir de ma jeunesse, et je voudrais bien savoir pourquoi le souvenir de la perte d'un bien aussi irréparable ne donne point de tristesse ; au lieu du plaisir que j'ai senti, il me semble qu'on devrait pleurer. Mais sans examiner d'où peut venir ce sentiment, je veux m'attacher à celui que me donne la reconnaissance que j'ai de votre présent. Vous ne pouvez douter qu'il ne me soit agréable, puisque mon amour-propre y trouve si bien son compte, et que j'y suis célébrée par le plus bel esprit de mon temps. Il faudrait pour l'honneur de vos vers que j'eusse mieux mérité tout celui que vous me faites. Telle que j'ai été, et telle que je suis, je n'oublierai jamais votre véritable et solide amitié, et je serai toute ma vie la plus reconnaissante comme la plus ancienne de vos très humbles servantes.

LA M. DE SÉVIGNÉ.

1. Gilles Ménage, poète galant et savant philologue, n'a pas été le maître de Mme de Sévigné au sens étroit du terme. Il a cependant contribué à sa formation intellectuelle par ses conversations, ses conseils et des lectures communes quand il cultiva avec elle, pendant près de vingt ans, une sorte d'amitié amoureuse. Il venait de publier une nouvelle édition de ses poèmes, et l'avait envoyée à son ancienne amie, avec laquelle il n'avait plus de relations suivies.

29
A madame de Grignan

A Paris, vendredi 14 juin 1675.

C'est au lieu d'aller dans votre chambre, ma bonne, que je vous entretiens. Quand je suis assez malheureuse pour ne vous avoir plus, ma consolation toute naturelle, c'est de vous écrire, de recevoir de vos lettres, de parler de vous et de faire quelques pas pour vos affaires. Je passai hier l'après-dîner avec notre Cardinal[1] ; vous ne sauriez jamais deviner de quoi nous parlons quand nous sommes ensemble. Je recommence toujours à vous dire que vous ne sauriez trop l'aimer et l'honorer. Vous êtes trop heureuse d'avoir renouvelé si solidement dans son cœur toute l'inclination et la tendresse naturelle qu'il avait déjà pour vous. Nous vous prions tous deux de ne point perdre courage dans vos affaires. Ne jetez point le manche après la cognée, comme on dit ; ayez quelque application à retrancher un bel air d'abondance, qui est chez vous, qui est fort indifférent à ceux qui le font, et fort préjudiciable à ceux qui le paient. Quand on croit que vous ne vous en souciez pas, on garde peu de mesure, et cela va loin. Au nom de Dieu, soutenez-vous, et croyez que les arrangements de la Providence sont quelquefois bien contraires à ce que nous pensons.

Mandez-moi comme vous vous portez de l'air de Grignan, s'il vous a déjà bien dévorée, si vous avez le teint gâté, si vous dormez mal, enfin comme vous êtes, et comme je me dois représenter votre jolie

---

1. Le cardinal de Retz, qui avait décidé de se retirer du monde, et dont Mme de Sévigné cultivait avec soin l'amitié, au point de rendre sa fille jalouse.

personne. Votre portrait[1] est très aimable, mais beaucoup moins que vous, sans compter qu'il ne parle
point. Pour moi, n'en soyez point en peine. Ma règle,
présentement, est d'être déréglée ; je n'en suis point
malade. Je dîne tristement ; je suis ici jusqu'à cinq ou
six heures. Le soir je vais, quand je n'ai point d'affaires, chez quelqu'une de mes amies ; je me promène
selon les quartiers. Nous voici dans les saluts[2]. Et je
fais tout céder au plaisir d'être avec Monsieur le
Cardinal. Je ne perds aucune des heures qu'il me peut
donner ; il m'en donne beaucoup. J'en sentirai mieux
son départ et son absence ; il n'importe, je ne songe
jamais à m'épargner. [...]

30

A madame de Grignan

A Paris, ce mercredi matin, mai 1678[3].

Mes lettres sont plus heureuses que moi-même ; je
m'explique mal de bouche, quand mon cœur est si
touché. Je vous entends dire que vous vous en allez ;
je ne suis pas seule qui improuve ce dessein. Il me
semble qu'il serait plus raisonnable et plus naturel

1. Mme de Grignan venait de se faire peindre par Mignard. Le
portrait est conservé.
2. Office religieux qui consiste à chanter des cantiques et à prier
devant l'hostie exposée.
3. Rentrée en Provence avec son mari en juin 1677, Mme de
Grignan en était revenue dès novembre, s'installant avec sa mère à
l'hôtel de Carnavalet, qu'ils louaient à frais communs. En mai 1678,
elle voulait repartir rejoindre son mari. Sa mère fait tout pour la
retenir, arguant notamment du mauvais état de santé de la comtesse
sans se rendre compte que les tensions et conflits qu'elle suscite par
son insistance contribuent à rendre sa fille malade.

d'attendre ici la décision de la paix ou de la guerre[1]. Si c'est la paix, M. de Grignan vous viendrait quérir et vous emmènerait ; si c'est la guerre, votre séjour sera assez long en Provence, pour ne vous point presser, et donner encore ici deux mois à votre santé. Quoi que vous puissiez dire, l'air de Grignan vous est mortel et vous a mise en l'état où vous êtes. Vous éviterez d'y passer l'été, en partant au mois de septembre ; vous donneriez ce temps à du repos ou à des bains. Peut-être même que M. de Grignan sera peu à Grignan ; il ne pourra de loin quitter sa Méditerranée[2]. Voilà ce que je demanderais de vous. Le bon sens, la raison, tous vos amis, votre santé, et vous-même si vous étiez comme une autre personne, vous feraient voir que cette conduite serait raisonnable et naturelle. Il n'est pas aisé de comprendre ce qui vous oblige à vouloir faire une démarche qui sera blâmée de tout le monde, et peut-être même de M. de Grignan, qu'on accusera d'entrer dans cette conjuration contre vous-même, quoiqu'il en soit fort éloigné. Je sais tout ce que vous pouvez dire, mais trois mois sont bientôt passés, et vous n'aurez besoin de rien, pourvu que vous puissiez vous donner à vous-même quelque tranquillité.

Voilà, ma bonne, ce que je pense sans cesse, et ce que je n'ose jamais vous dire. Je crains vos éclats. Je ne les puis soutenir ; je suis muette et saisie. Si vous me croyez une sotte femme, vous avez raison ; je la suis toujours avec vous, parce que je suis toujours occupée de vous. Je vous conjure de ne me point faire

1. En cas de paix, déchargé d'obligations militaires, le comte pourra revenir un moment à Paris, près de sa femme. Ce sera la paix de Nimègue, le 10 août 1678.
2. A cause du soin des troupes engagées dans l'expédition de Messine.

réponse à tout ceci ; ne me dites rien, et donnez seulement quelques moments de réflexion à tout ce que je viens de vous dire. Et si vous voulez me compter pour quelque chose, soyez persuadée qu'il n'y a rien que je souhaite tant que de vous voir résolue à passer l'été avec moi.

31

A monsieur de Grignan

A Paris, vendredi 27 mai 1678.

Je veux vous rendre compte d'une conférence de deux heures que nous avons eue avec M. Fagon, très célèbre médecin. C'est M. de La Garde[1] qui l'a amené ; nous ne l'avions jamais vu. Il a bien de l'esprit et de la science. Il parle avec une connaissance et une capacité qui surprend, et n'est point dans la routine des autres médecins qui accablent de remèdes ; il n'ordonne rien que de bons aliments. Il trouve la maigreur de ma fille et la faiblesse fort grandes. Il voudrait bien qu'elle prît du lait comme le remède le plus salutaire, mais l'aversion qu'elle y a fait qu'il n'ose seulement le proposer ; elle prend le demi-bain et des bouillons rafraîchissants. Il ne la veut contraindre sur rien. Mais quand elle lui a dit que sa maigreur n'était rien, et qu'après avoir été grasse on devient maigre, il lui a dit qu'elle se trompait, que sa maigreur venait de la sécheresse de ses poumons, qui commençaient à se flétrir, et qu'elle ne demeurerait point comme elle est, qu'il fallait ou qu'elle se remît en santé, ou que sa maigreur viendrait jusqu'à l'excès, qu'il n'y avait point de milieu, que ses langueurs, ses

1. Un cousin du comte de Grignan.

lassitudes, ses pertes de voix, marquaient que son mal était au poumon, qu'il lui conseillait la tranquillité, le repos, les régimes doux, et surtout de ne point écrire, qu'il espérait qu'elle pourrait se remettre, mais que si elle ne se rétablissait pas, elle irait toujours de pis en pis. M. de La Garde a été témoin de tout ce discours ; envoyez-lui ma lettre si vous voulez.

J'ai demandé à M. Fagon si l'air subtil lui était contraire ; il a dit qu'il l'était beaucoup. Je lui ai dit l'envie que j'avais eue de la retenir ici pendant les chaleurs, et qu'elle ne partît que cet automne pour passer l'hiver à Aix, dont l'air est bon, que vous ne souhaitiez au monde que sa santé, et que ce n'était qu'elle que nous avions à combattre pour l'empêcher de partir tout à l'heure. Nous en sommes demeurés là. M. de La Garde a été témoin de tout. J'ai cru que je devais vous faire part de tout ce qui s'est passé, en vous protestant que l'envie de la voir plus longtemps, quoique ce soit le plus grand plaisir de ma vie, ne m'oblige point à vous reparler encore sur ce sujet, mais je croirais que vous auriez sujet de vous plaindre de moi, si je vous laissais dans la pensée que son mal ne fût pas plus considérable qu'il l'a été. Il l'est d'autant plus qu'il y a un an qu'il dure, et cette longueur est tout ce qu'il y a à craindre. Vous me direz que je la retienne ; je vous répondrai que je n'y ai aucun pouvoir, qu'il n'y a que vous ou M. de La Garde qui puissiez fixer ses incertitudes. A moins que sa tranquillité ne vienne par là, il n'en faut point espérer ; et n'en ayant point, il vaut mieux qu'elle hasarde sa vie. Elle a pour vous et pour ses devoirs un attachement très raisonnable et très juste. A moins qu'elle ne retrouve, par la pensée de vous plaire, la douceur qu'elle trouverait d'être auprès de vous, son séjour ici lui ferait plus de mal que de bien. Ainsi, Monsieur, c'est vous seul qui êtes le maître d'une santé et d'une vie qui est à vous[1] ; prenez donc vos mesures, chargez-vous de l'événement du voyage, ou donnez-lui un repos qui l'empêche d'être dévorée, et qui la fasse profiter des trois mois qu'elle sera ici. Je vous embrasse de tout mon cœur.

Je ne m'étonne pas si vous ignorez l'état où elle est ; sa fantaisie, c'est de dire toujours qu'elle se porte fort bien. Plût à Dieu que cela fût vrai et qu'elle fût avec vous ! Je ne veux pour témoins du contraire que M. l'abbé de Grignan[2], M. de La Garde, et tous ceux qui la voient et qui y prennent quelque intérêt.

32

A Guitaut

A Paris, ce vendredi 25 août 1679.

Hélas ! mon pauvre Monsieur, quelle nouvelle vous allez apprendre, et quelle douleur j'ai à supporter ! M. le Cardinal de Retz mourut hier, après sept jours de fièvre continue[3]. Dieu n'a pas voulu qu'on lui donnât du remède de l'Anglais[4], quoiqu'il le demandât et que l'expérience de notre bon abbé de Coulanges fût toute chaude, et que ce fût même cette Éminence qui nous décidât, pour nous tirer de la cruelle Faculté, en protestant que s'il avait un seul accès de fièvre, il enverrait quérir ce médecin anglais. Sur cela, il tombe malade. Il demande ce remède ; il a la fièvre, il est

1. Il y a une sorte de chantage dans cet aveu.
2. Le plus jeune des frères du comte.
3. Retz mourut le 24 août d'une fièvre pulmonaire, chez sa nièce, à l'hôtel de Lesdiguières.
4. Un médecin anglais, nommé Talbot, avait inventé un remède miracle à base de quinquina, dont il tenait la composition secrète. Louis XIV le lui acheta et le rendit public.

accablé d'humeurs qui lui causent des faiblesses, il a un hoquet qui marque la bile dans l'estomac. Tout cela est précisément ce qui est propre pour être guéri et consommé par le remède chaud et vineux de cet Anglais. Mme de La Fayette, ma fille et moi, nous crions miséricorde, et nous présentons notre Abbé ressuscité, et Dieu ne veut pas que personne décide. Et chacun, en disant : « Je ne veux me charger de rien », se charge de tout. Et enfin M. Petit, soutenu de M. Belay[1], l'ont premièrement fait saigner quatre fois en trois jours, et puis deux petits verres de casse, qui l'ont fait mourir dans l'opération, car la casse n'est pas un remède indifférent quand la fièvre est maligne. Quand ce pauvre Cardinal fut à l'agonie, ils consentirent qu'on envoyât quérir l'Anglais ; il vint, et dit qu'il ne savait point ressusciter les morts. Ainsi est péri, devant nos yeux, cet homme si aimable et si illustre que l'on ne pouvait connaître sans l'aimer. Je vous mande tout ceci dans la douleur de mon cœur, par cette confiance qui me fait vous dire plus qu'aux autres, car il ne faut point, s'il vous plaît, que cela retourne. Le funeste succès n'a que trop justifié nos discours, et l'on peut retourner sur cette conduite sans faire beaucoup de bruit. Voilà ce qui me tient uniquement à l'esprit.

Ma fille est touchée comme elle le doit. Je n'ose toucher à son départ ; il me semble pourtant que tout me quitte, et que le pis qui me puisse arriver, qui est son absence, va bientôt m'achever d'accabler. [...]

---

1. Médecins traditionnels, hostiles au nouveau remède.

33
A madame de Grignan

Aux Rochers, ce mercredi 18 septembre 1680.

[...] Mais aussi vous nous donnez l'exemple d'une philosophie admirable, lorsque vous vous détachez si aisément de l'espérance de revenir à Paris cet hiver :

Ainsi de vos désirs toujours reine absolue,
Les plus grands changements vous trouvent résolue[1].

Voilà deux vers à retenir, et où la Providence devrait conduire les sages comme les philosophes. Si je ne suis dans cet état bienheureux, ce n'est pas faute de la méditer souvent, et d'observer toutes ses démarches, qui me confirment de plus en plus qu'elle est *regina del mondo*[2], et qu'elle se sert de nos opinions pour nous conduire à ses fins éternelles. Nous répétons un peu ici nos vieilles leçons avec le P. Damaie. Nous sommes ravis de l'avoir ; nous trouvons plaisant de voir aux Rochers le père prieur de Livry. Il a fait vingt lieues pour nous voir ; nous voulons que sa visite soit au moins de huit jours. Il vous présente ses très humbles respects. Il a une grande idée de votre bel et bon esprit, et même de votre bonté ; il trouve que vous en avez toujours eu pour lui. Je lui fais dès aujourd'hui votre réponse, car quand elle viendra, il y aura quinze jours qu'il sera retourné à sa cure. Cela donne une effroyable idée de notre éloignement, et l'on a besoin de l'espérance qui dilate présentement le cœur et qui nous fait toucher au doigt le temps que

1. Vers tirés du *Polyeucte* de Corneille.
2. « Reine du monde », en italien. On le disait de l'opinion. Mme de Sévigné le dit de la volonté de Dieu, seule explication acceptable de la marche du monde selon elle et ses amis jansénistes.

nous serons ensemble. Et vous ne voulez pas que j'aime la Providence ? Ce qu'il y aurait de bon, c'est de s'y soumettre sans murmurer quand elle en dispose d'une autre manière. [...]

34
A madame de Grignan

Dimanche 22 septembre 1680, aux Rochers.

Ma très chère bonne, vous êtes si philosophe qu'il n'y a pas moyen de se réjouir avec vous ; vous anticipez sur nos espérances, et vous passez par-dessus la possession de ce qu'on désire pour y voir la séparation[1]. Il faut mieux ménager les biens que la Providence nous prépare. Après vous avoir fait ce reproche, je veux vous avouer de bonne foi que je le mérite autant que vous, et qu'on ne peut pas être plus effrayée de la rapidité du temps, et plus sentir par avance tous les chagrins qui suivent ordinairement les plaisirs. Enfin, ma bonne, c'est la vie, toujours mêlée de biens et de maux. Quand on a ce qu'on désire, on est plus près de le perdre ; quand on en est loin, on songe qu'on se retrouvera. Mais, ma bonne, il faut tâcher de prendre les choses comme Dieu les donne. Pour moi, je veux sentir l'aimable espérance de vous voir, sans aucun mélange. [...]

Vous êtes bien injuste, ma chère bonne, dans le jugement que vous faites de vous. Vous dites que d'abord on vous croit assez aimable, et qu'en vous connaissant davantage, on ne vous aime plus ; c'est

---

1. Mme de Grignan avait à la fois annoncé sa venue à Paris et que son séjour serait bref. Elle se trompait. Arrivée dans la capitale à la fin de décembre, elle n'en repartira qu'en octobre 1688, retenue par un important procès.

précisément le contraire. D'abord on vous craint. Vous avez un air assez dédaigneux ; on n'espère point de pouvoir être de vos amis. Mais quand on vous connaît, et qu'on est à portée de ce nombre, et d'avoir quelque part à votre confiance, on vous adore et l'on s'attache entièrement à vous. Si quelqu'un paraît vous quitter, c'est parce qu'on vous aime, et qu'on est au désespoir de n'être pas aimé autant qu'on le voudrait. J'ai entendu louer jusqu'aux nues les charmes qu'on trouve dans votre amitié, et retomber sur le peu de mérite qui fait qu'on n'a pu conserver un tel bonheur. Ainsi chacun se prend à soi de ce léger refroidissement, et comme il n'y a point de plainte, ni de sujet véritable, je crois qu'il n'y a qu'à causer ensemble avec quelque loisir pour se retrouver bons amis. [...]

Je vous assure qu'il est fort à plaindre, ce pauvre petit frère ; il est accablé de maux et de remèdes. Il en est fort chagrin, et je trouve qu'il a raison. On l'assure qu'il ne faut qu'un peu de patience ; elle échappe dans une si incommode longueur.

Mais parlons un peu de la vôtre. Ma pauvre bonne, n'êtes-vous point effrayée de ces jambes froides et mortes ? Ne craignez-vous point que cela ne tourne à la fin à la paralysie ? Est-il possible que, dans le pays des bains chauds, vous trouviez le moyen de laisser périr vos pauvres jambes que vous ne sentez que par des douleurs ? La Rouvière[1] ne dit-il rien là-dessus ? Trouve-t-il cette incommodité de peu de conséquence ? N'y a-t-il point de lavages qui puissent vous ramener les esprits à ces parties comme abandonnées ? Est-il possible qu'on puisse s'accommoder de gré à gré avec des maux si désagréables et si dangereux ? Votre bain ne vous y a point fait de bien ; faut-il en demeurer

---

1. Médecin de Mme de Grignan.

là ? Et cette bonne Janet[1], ne vous conseille-t-elle point quelque chose ? En vérité, ma très chère, je suis bien triste de l'opiniâtreté de cette glace et de ces inquiétudes douloureuses. Vous laisse-t-on en repos sur cela, et M. de La Garde ne vous fera-t-il point chercher quelque remède ?

Vous me dites que je me purge ? Hélas ! ma belle, il n'y a que deux jours que je pris une sotte bête de médecine, dont je commence à me remettre, car elle avait ému une parfaite santé ; j'en suis guérie, et je prends de cette eau de cerises. Plût à Dieu, ma bonne, que l'on pût faire un commerce de santé ! Je vous donnerais beaucoup de la mienne sans m'incommoder. [...]

35

A madame de Grignan

Aux Rochers, mercredi 9 octobre 1680.

Que je vous plains, ma pauvre bonne, de vous livrer aussi cruellement que vous faites à vos inquiétudes ! Vous n'avez pas, en vérité, assez de force pour les soutenir. Il me semble que je vous vois, sans dormir, sans manger, échauffant votre sang, vous consumant vous-même, vous creusant les yeux et l'esprit, et craignant et croyant tout ce qu'il y a de pis. Hélas ! ma chère enfant, vous aurez vu le lendemain que vos pauvres frères ne sont plus malades. Ils ont pris du remède anglais comme les autres et, comme les autres, ils ont été guéris. Il n'y a que vous à plaindre, par la sensibilité de votre cœur et par la vivacité de votre

—————
1. Amie provençale de la comtesse.

imagination[1]. J'ai senti et prévu vos peines. Comme je suis moins éloignée, j'ai toujours su l'état de leurs santés. Il me semble que le Chevalier n'a point eu la fièvre continue. Il doit être parti présentement, et vous devez avoir retrouvé, ma bonne, votre repos et votre santé, car de me faire croire que vous vous portez bien dans ces agitations, c'est ce que je ne croirai pas assurément ; il faut donc penser à se remettre. J'admire la belle précaution qu'on prend de vous cacher le véritable état d'une maladie pour vous le laisser apprendre par une lettre qui ne s'adressait pas à vous, et qui en disait plus assurément qu'il n'y en a eu. Oh, Dieu soit loué ! Je vous conjure de n'avoir point de nouvelles douleurs.

Pour votre petit frère, il est mal. Sa tête est toute pleine de maux qu'on ne saurait nommer ; il va beaucoup souffrir, car il a le courage et la force de vouloir être guéri, mais comme il n'y a aucun péril, je vous prie, mon enfant, de vous donner du repos. Ne soyez point en peine de lui, ni de moi ; son mal ne se gagne point à causer et à lire. [...]

---

1. Ce portrait de Mme de Grignan femme sensible n'est pas moins important que les passages des lettres qui l'ont fait à tort accuser de sécheresse.

36

A madame de Grignan

Aux Rochers, mercredi 27 septembre 1684[1].

Enfin, ma fille, voilà trois de vos lettres[2]. J'admire comme cela devient, quand on n'a plus d'autre consolation. C'est la vie, c'est une agitation, une occupation, c'est une nourriture ; sans cela on est en faiblesse, on n'est soutenue de rien, on ne peut souffrir les autres lettres ; enfin on sent que c'est un besoin de recevoir cet entretien d'une personne si chère. Tout ce que vous me dites est si tendre et si touchant que je serais aussi honteuse de lire vos lettres sans pleurer que je le serai, cet hiver, de vivre sans vous. [...]

Nous menons ici une vie assez triste ; je ne crois pas cependant que plus de bruit me fût agréable. Mon fils a été chagrin de ces espèces de clous ; ma belle-fille n'a que des moments de gaieté, car elle est tout accablée de vapeurs. Elle change cent fois le jour de visage sans en trouver un bon. Elle est d'une extrême délicatesse. Elle ne se promène quasi pas. Elle a toujours froid. A neuf heures du soir, elle est tout éteinte. Les jours sont trop longs pour elle, et le besoin qu'elle a d'être paresseuse fait qu'elle me laisse toute ma liberté, afin que je lui laisse la sienne. Cela me fait un extrême plaisir. Il n'y a pas moyen de sentir qu'il y ait une autre maîtresse que moi dans cette maison.

1. A son grand regret, Mme de Sévigné a dû laisser sa fille à Paris et aller en Bretagne voir son fils, qui venait de se marier, et faire la connaissance de sa belle-fille. Elle restera une année auprès d'eux.
2. Par suite d'erreurs d'acheminement, Mme de Sévigné a reçu en une fois le lundi 25 les lettres des 13, 20 et 23. Comme en 1671 (voir lettre nº 10), son séjour commence dans le trouble postal.

Quoique je ne m'inquiète de rien, je me vois servie par de petits ordres invisibles. Je me promène seule, mais je n'ose me livrer à l'entre chien et loup, de peur d'éclater en cris et en pleurs. L'obscurité me serait mauvaise dans l'état où je suis ; si mon âme peut se fortifier, ce sera à la crainte de vous fâcher que je sacrifierai ce triste divertissement. Présentement c'est à ma santé, et c'est encore vous qui me l'avez recommandée, mais enfin, c'est toujours vous. Il ne tient pas à moi qu'on ne sache l'amitié tendre et solide que vous avez pour moi. J'en suis convaincue, j'en suis pénétrée ; il faudrait que je fusse bien injuste pour en douter. Si Mme de Montchevreuil a cru que ma douleur surpassait la vôtre, c'est qu'ordinairement on n'aime point sa mère comme vous m'aimez. Pourquoi vous allez-vous blesser à l'épée de voir ma chambre ouverte ? Qu'est-ce qui vous pousse dans ce pays désert ? C'est bien là où vous me redemandez. [...]

Hélas ! comme cette mort va courant partout et attrapant de tous côtés ! Je me porte parfaitement bien ; je fais toujours quelque scrupule d'attaquer cette perfection par une médecine. Nous attendons les capucins[1]. Cette petite femme-ci fait pitié ; c'est un ménage qui n'est point du tout gaillard. Ils vous font tous deux mille compliments. On ne me presse point de donner mon amitié, cela déplaît trop. Point d'empressement, rien qui chagrine, rien qui réveille aussi ; cela est tout comme je le souhaitais. [...]

---

1. Deux capucins qui revenaient d'Égypte avec des médications.

37
A madame de Grignan

Aux Rochers, ce dimanche 2 juillet 1690.

[...] Ne voulez-vous pas bien me permettre présentement, ma chère bonne, de passer derrière le rideau[1] et de vous faire venir sur le théâtre ? Votre rôle est héroïque, et d'un cothurne[2] qui passe toutes mes forces. Il me semble que vous avez le monde à soutenir et, si vous n'aviez cette maxime de l'Évangile, qu'à chaque jour et *à chaque heure* suffit son mal (c'est ce que vous y avez ajouté), vous ne soutiendriez pas tout ensemble les peines et les soins, les prévoyances, les ordres à donner, mais surtout les impossibilités dont vous me paraissez surchargée et accablée. Ma bonne, quelle force Dieu vous a donnée ! Vous me faites souvenir d'Horace[3], qui sépara ses ennemis pour les combattre séparément ; ils étaient trop forts ensemble. Cette pensée lui réussit, et à vous celle de la patience chrétienne, qui vous fait combattre et souffrir jour à jour, heure à heure, ce que la Providence a commis à vos soins et à vos ordres. Cet état est tellement au-dessus de ma portée que je joins l'admiration à la part que mon cœur m'y fait prendre, que vous ne doutez pas qui ne soit grande et sincère. Vous admirez que nous répondions à toutes les fantaisies que vous nous

1. A comparer avec ce que Mme de Sévigné disait pour se défendre d'être un rideau cachant sa fille, le 11 février 1671 (lettre n° 4).
2. Ce mot, qui désignait chez les Anciens la chaussure élevée des acteurs tragiques, sert au figuré à désigner le style pompeux ou tragique.
3. L'Horace de Tite-Live et de Corneille, s'enfuyant après la mort de ses deux frères pour se retourner successivement contre chacun des trois Curiaces lancés à sa poursuite, mais inégalement blessés.

présentez. Hélas ! nous sommes trop heureux que vous nous attaquiez ; nous n'avons que cela à faire. Mais que vous, ma bonne, avec vos deux Grignan à soutenir, accablée de toutes sortes d'affaires de tous côtés (et quelles affaires !), votre esprit soit assez étendu et assez universel pour passer de ces tristes pensées à Rochecourbière[1], à des bouts-rimés, à des conversations plaisantes qui feraient croire que vous êtes toute libre et toute désoccupée, voilà, ma chère bonne, ce qui est très miraculeux, très admirable, très estimable, et c'est aussi ce que j'admire et que je loue sans cesse, et ce que je ne comprendrais pas si on me le contait d'une autre et que je ne le visse pas en vous. [...]

Il se passe à votre hôtel de Carnavalet une scène bien pitoyable et bien triste pour moi ; c'est mon pauvre Beaulieu[2]. Je le crois mort présentement, mais mercredi 28 juin, il souffrit encore tout ce qu'on peut souffrir. Il avait le côté ouvert ; il en était sorti un abcès et une partie de son foie, qui est gâté. Ce pauvre garçon est résigné, et prie Dieu, et lui demande miséricorde, et puis il parle de sa chère maîtresse, qu'il eût bien voulu revoir encore une fois, et lui rendre encore ses services. Il me recommande sa femme et son fils. Il me demande pardon. Des grosses larmes lui tombent des yeux, et à moi aussi. Je ne suis pas propre à soutenir cette pensée et cet état d'un garçon si digne de mon affection, si fidèle, si digne de ma confiance, si attaché à moi. Enfin, ma bonne, il était aimable, vous le savez, et se faisait aimer de tout le monde. Il me semblait que, pourvu qu'il se mêlât de mes petites affaires, je n'avais rien à craindre, et qu'elles iraient toujours bien. En effet, comme elles ne

1. Grotte proche du château, où on allait pour des pique-niques et des fêtes champêtres.
2. Maître d'hôtel de Mme de Sévigné.

passaient point sa portée, il les conduisait avec une
honnêteté, une adresse et une exactitude admirables.
Je ne pouvais faire une plus incommode perte dans
mon petit domestique. Il faut se soumettre. [...]

38

A Coulanges

A Grignan, le jeudi 9 septembre 1694[1].

J'ai reçu plusieurs de vos lettres, mon cher cousin ;
il n'y en a point de perdues. Ce serait grand dommage ;
elles ont toutes leur mérite particulier et font la joie
de toute notre société. Ce que vous mettez pour
adresse sur la dernière, en disant adieu à tous ceux
que vous nommez, ne vous a brouillé avec personne :
Au château royal de Grignan. Cette adresse frappe et
donne tout au moins le plaisir de croire que, dans le
nombre de toutes les beautés dont votre imagination
est remplie, celle de ce château, qui n'est pas commune,
y conserve toujours sa place, et c'est un de ses plus
beaux titres. Il faut que je vous en parle un peu,
puisque vous l'aimez. Ce vilain degré[2] par où l'on
montait dans la seconde cour, à la honte des Adhémar,
est entièrement renversé et fait place au plus agréable
qu'on puisse imaginer ; je ne dis point grand ni
magnifique, parce que, ma fille n'ayant pas voulu jeter
tous les appartements par terre, il a fallu se réduire à

1. De Grignan, Mme de Sévigné est rentrée à Paris avec sa fille
en 1691. Puis quand sa fille est une nouvelle fois repartie pour la
Provence en mars 1694, elle l'y a rejointe dès mai. Elle y vivra près
d'elle jusqu'à sa mort, survenue en avril 1696.
2. Ce vilain escalier. La seconde cour est la cour intérieure,
prolongeant la terrasse. Le perron, sur la première cour, ouvrait sur
le vestibule.

un certain espace, où l'on a fait un chef-d'œuvre. Le vestibule est beau, et l'on y peut manger fort à son aise. On y monte par un grand perron. Les armes de Grignan sont sur la porte ; vous les aimez, c'est pourquoi je vous en parle. Les appartements des prélats[1], dont vous ne connaissez que le salon, sont meublés fort honnêtement, et l'usage que nous en faisons est très délicieux. Mais puisque nous y sommes, parlons un peu de la cruelle et continuelle chère que l'on y fait, surtout en ce temps-ci. Ce ne sont pourtant que les mêmes choses qu'on mange partout. Des perdreaux, cela est commun, mais il n'est pas commun qu'ils soient tous comme lorsque à Paris chacun les approche de son nez en faisant une certaine mine, et criant : « Ah ! quel fumet ! sentez un peu. » Nous supprimons tous ces étonnements. Ces perdreaux sont tous nourris de thym, de marjolaine, et de tout ce qui fait le parfum de nos sachets[2] ; il n'y a point à choisir. J'en dis autant de nos cailles grasses, dont il faut que la cuisse se sépare du corps à la première semonce (elle n'y manque jamais), et des tourterelles, toutes parfaites aussi. Pour les melons, les figues et les muscats, c'est une chose étrange : si nous voulions, par quelque bizarre fantaisie, trouver un mauvais melon, nous serions obligés de le faire venir de Paris ; il ne s'en trouve point ici. Les figues blanches et sucrées, les muscats comme des grains d'ambre que l'on peut croquer, et qui vous feraient fort bien tourner la tête si vous en mangiez sans mesure, parce que c'est comme si l'on buvait à petits traits du plus exquis vin

1. Les appartements récemment reconstruits dans le château par les deux frères du comte, l'un archevêque d'Arles (après son oncle), l'autre (l'ancien abbé de Grignan) évêque de Carcassonne.
2. Les sachets que l'on emplit de roses ou autres matières odorantes.

de Saint-Laurent[1]. Mon cher cousin, quelle vie ! vous la connaissez sous de moindres degrés de soleil ; elle ne fait point du tout souvenir de celle de la Trappe. Voyez dans quelle sorte de détails je me suis jetée ! C'est le hasard qui conduit nos plumes. Je vous rends ceux que vous m'avez mandés, et que j'aime tant. Cette liberté est assez commode ; on ne va pas chercher bien loin le sujet de ses lettres. [...]

1. Voir la lettre du 16 mars 1672 (n° 19, note 1 de p. 89).

2
Événements

L'épistolier et le destinataire parlent d'abord d'eux-mêmes et de ce qui les entoure. Mais ils parlent aussi de « ce qui se passe dans le monde », par curiosité pour les nouvelles, parce qu'on ne peut toujours parler de soi et répéter que l'on s'aime, parce qu'il faut « arrondir la dépêche », selon l'expression de la marquise. On a, dans cette section, regroupé quelques passages dans lesquels elle s'est plu à faire la gazetière.

39

A Pomponne

Il y a deux jours que tout le monde croyait que l'on voulait tirer l'affaire de M. Foucquet en longueur ; présentement, ce n'est plus la même chose. C'est tout le contraire : on presse extraordinairement les interrogations. Ce matin Monsieur le Chancelier[1] a pris son papier, et a lu, comme une liste, dix chefs d'accusation, sur quoi il ne donnait pas le loisir de répondre. M. Foucquet a dit : « Monsieur, je ne prétends point tirer les choses en longueur, mais je vous supplie de me donner loisir de répondre. Vous m'interrogez, et il semble que vous ne vouliez pas écouter ma réponse ; il m'est important que je parle. Il y a plusieurs articles qu'il faut que j'éclaircisse, et il est juste que je réponde sur tous ceux qui sont dans mon procès. » Il a donc fallu l'entendre, contre le gré des malintentionnés ; car il est certain qu'ils ne sauraient souffrir qu'il se défende si bien. Il a fort bien répondu sur tous les chefs. On continuera de suite, et la chose ira si vite que je crois que les interrogations finiront cette semaine. [...]

Il faut que je vous conte une petite historiette, qui est très vraie et qui vous divertira. Le Roi se mêle depuis peu de faire des vers ; MM. de Saint-Aignan et Dangeau[2] lui apprennent comme il s'y faut prendre. Il

1. Séguier, ministre de la Justice, qui présidait en personne le procès.
2. Dangeau et Saint-Aignan étaient deux courtisans familiers du roi et hommes de goût.

fit l'autre jour un petit madrigal, que lui-même ne trouva pas trop joli. Un matin, il dit au maréchal de Gramont[1] : « Monsieur le maréchal, je vous prie, lisez ce petit madrigal, et voyez si vous en avez vu un si impertinent. Parce qu'on sait que depuis peu j'aime les vers, on m'en apporte de toutes les façons. » Le maréchal, après avoir lu, dit au Roi : « Sire, Votre Majesté juge divinement bien de toutes choses ; il est vrai que voilà le plus sot et le plus ridicule madrigal que j'aie jamais lu. » Le Roi se mit à rire, et lui dit : « N'est-il pas vrai que celui qui l'a fait est bien fat ? — Sire, il n'y a pas moyen de lui donner un autre nom. — Oh bien ! dit le Roi, je suis ravi que vous m'en ayez parlé si bonnement ; c'est moi qui l'ai fait. — Ah ! Sire, quelle trahison ! Que Votre Majesté me le rende ; je l'ai lu brusquement. — Non, monsieur le maréchal ; les premiers sentiments sont toujours les plus naturels. » Le Roi a fort ri de cette folie, et tout le monde trouve que voilà la plus cruelle petite chose que l'on puisse faire à un vieux courtisan. Pour moi, qui aime toujours à faire des réflexions, je voudrais que le Roi en fît là-dessus, et qu'il jugeât par là combien il est loin de connaître jamais la vérité[2]. [...]

40

A Coulanges

A Paris, lundi 15 décembre 1670.

Je m'en vais vous mander la chose la plus étonnante, la plus surprenante, la plus merveilleuse, la plus miraculeuse, la plus triomphante, la plus étourdissante,

---

1. Autre courtisan, « spirituel Gascon et hardi à trop louer », selon un mémorialiste du temps. D'où le plaisant de l'aventure.
2. Par exemple au sujet de Foucquet.

la plus inouïe, la plus singulière, la plus extraordinaire, la plus incroyable, la plus imprévue, la plus grande, la plus petite, la plus rare, la plus commune, la plus éclatante, la plus secrète jusqu'aujourd'hui, la plus brillante, la plus digne d'envie ; enfin une chose dont on ne trouve qu'un exemple dans les siècles passés, encore cet exemple n'est-il pas juste ; une chose que nous ne saurions croire à Paris (comment la pourrait-on croire à Lyon[1] ?) ; une chose qui fait crier miséricorde à tout le monde ; une chose qui comble de joie Mme de Rohan et Mme de Hauterive[2] ; une chose enfin qui se fera dimanche, où ceux qui la verront croiront avoir la berlue ; une chose qui se fera dimanche, et qui ne sera peut-être pas faite lundi. Je ne puis me résoudre à la dire. Devinez-la ; je vous la donne en trois. Jetez-vous votre langue aux chiens ? Eh bien ! il faut donc vous la dire : M. de Lauzun[3] épouse dimanche au Louvre, devinez qui ? Je vous le donne en quatre, je vous le donne en dix ; je vous le donne en cent. Mme de Coulanges dit : Voilà qui est bien difficile à deviner ; c'est Mlle de La Vallière. — Point du tout, Madame. — C'est donc Mlle de Retz ? — Point du tout, vous êtes bien provinciale. — Vraiment nous sommes bien bêtes, dites-vous, c'est Mlle Colbert[4] ? — Encore moins. — C'est assurément Mlle de Créquy ? — Vous n'y êtes pas. Il faut donc à la fin vous le dire : il épouse, dimanche, au Louvre, avec la permission du Roi, Mademoiselle, Mademoiselle de... Mademoiselle... devinez le nom : il épouse Mademoiselle, ma foi ! par ma foi ! ma foi jurée ! Mademoiselle,

---

1. Où se trouvait Coulanges, chez son beau-père.
2. Deux grandes dames qui s'étaient mésalliées.
3. Favori de Louis XIV, mais dont la naissance était très au-dessous de celle de la cousine germaine du roi.
4. Mme de Sévigné énumère successivement tous les plus beaux partis du moment, maîtresse du roi, duchesse, fille de ministre.

la Grande Mademoiselle ; Mademoiselle, fille de feu
Monsieur ; Mademoiselle, petite-fille de Henri IV ;
mademoiselle d'Eu, mademoiselle de Dombes, mademoiselle de Montpensier, mademoiselle d'Orléans[1] ;
Mademoiselle, cousine germaine du Roi ; Mademoiselle, destinée au trône ; Mademoiselle, le seul parti
de France qui fût digne de Monsieur[2]. Voilà un beau
sujet de discourir. Si vous criez, si vous êtes hors de
vous-même, si vous dites que nous avons menti, que
cela est faux, qu'on se moque de vous, que voilà une
belle raillerie, que cela est bien fade à imaginer ; si
enfin vous nous dites des injures, nous trouverons que
vous avez raison ; nous en avons fait autant que vous[3].

Adieu ; les lettres qui seront portées par cet ordinaire
vous feront voir si nous disions vrai ou non.

41

A Coulanges

A Paris, vendredi 19 décembre 1670.

Ce qui s'appelle tomber du haut des nues, c'est ce
qui arriva hier au soir aux Tuileries ; mais il faut
reprendre les choses de plus loin. Vous en êtes à la
joie, aux transports, aux ravissements de la princesse
et de son bienheureux amant. Ce fut donc lundi que
la chose fut déclarée, comme vous avez su. Le mardi
se passa à parler, à s'étonner, à complimenter. Le
mercredi, Mademoiselle fit une donation à M. de

1. L'épistolière s'amuse à citer tous les titres de la Grande
Mademoiselle, ceux qu'elle va rappeler dans son contrat de mariage.
2. Digne du frère du roi, qui venait de perdre sa femme, Henriette
d'Angleterre.
3. On oublie trop le caractère exceptionnel de cette lettre, quand
on en fait le modèle de la lettre sévignéenne.

Lauzun, avec dessein de lui donner les titres, les noms
et les ornements nécessaires pour être nommés dans
le contrat de mariage, qui fut fait le même jour. Elle
lui donna donc, en attendant mieux, quatre duchés :
le premier, c'est le comté d'Eu, qui est la première
pairie de France et qui donne le premier rang ; le
duché de Montpensier, dont il porta hier le nom toute
la journée ; le duché de Saint-Fargeau, le duché de
Châtellerault, tout cela estimé vingt-deux millions. Le
contrat fut fait ensuite, où il prit le nom de Montpensier. Le jeudi matin, qui était hier, Mademoiselle
espéra que le Roi signerait, comme il l'avait dit ; mais
sur les sept heures du soir, Sa Majesté étant persuadée,
par la Reine, Monsieur et plusieurs barbons[1], que cette
affaire faisait tort à sa réputation, il se résolut de la
rompre, et après avoir fait venir Mademoiselle et
M. de Lauzun, il leur déclara, devant Monsieur le
Prince[2], qu'il leur défendait de plus songer à ce
mariage. M. de Lauzun reçut cet ordre avec tout le
respect, toute la soumission, toute la fermeté, et tout
le désespoir que méritait une si grande chute. Pour
Mademoiselle, suivant son humeur, elle éclata en
pleurs, en cris, en douleurs violentes, en plaintes
excessives, et tout le jour elle a gardé son lit, sans rien
avaler que des bouillons. Voilà un beau songe, voilà
un beau sujet de roman ou de tragédie, mais surtout
un beau sujet de raisonner et de parler éternellement.
C'est ce que nous faisons jour et nuit, soir et matin,
sans fin, sans cesse ; nous espérons que vous en ferez
autant. Et sur cela je vous baise très humblement les
mains.

1. Ces « vieillards » sont menés par Condé (49 ans), à peine plus
vieux que Mademoiselle (43). Ils ont convaincu Louis XIV du
caractère scandaleux de cette mésalliance d'une princesse de sang
royal.
2. Le prince de Condé.

42

A madame de Grignan

A Paris, lundi 15 janvier 1674.

J'allai dîner samedi chez M. de Pomponne, et puis, jusqu'à cinq heures, il fut enchanté, enlevé, transporté de la perfection des vers de la *Poétique* de Despréaux[1]. M. d'Hacqueville y était ; nous parlâmes deux ou trois fois du plaisir que j'aurais de vous la voir entendre.

M. de Pomponne se souvient d'un jour que vous étiez petite fille chez mon oncle de Sévigné[2]. Vous étiez derrière une vitre avec votre frère, plus belle, dit-il, qu'un ange ; vous disiez que vous étiez prisonnière, que vous étiez une princesse chassée de chez son père. Votre frère était beau comme vous ; vous aviez neuf ans. Il me fit souvenir de cette journée. Il n'a jamais oublié aucun moment où il vous ait vue. Il se fait un plaisir extrême de vous revoir. Je vous avoue, ma très aimable chère, que je couve une grande joie, mais elle n'éclatera point que je ne sache votre résolution.

M. de Villars est arrivé d'Espagne[3] ; il nous a conté mille choses des Espagnoles, fort amusantes.

Mais enfin, ma très chère, j'ai vu la Marans dans sa cellule ; je disais autrefois dans sa loge[4]. Je la trouvai fort négligée ; pas un cheveu, une cornette de vieux

---

1. *L'Art poétique* de Boileau. L'ouvrage ne fut imprimé qu'en juillet 1674, mais l'auteur le faisait depuis longtemps connaître par des lectures privées.

2. Renaud de Sévigné, frère du père de son mari.

3. Où il avait été ambassadeur jusqu'à la guerre qui venait d'entraîner son rappel.

4. La loge des fous. Sur l'animosité de Mme de Sévigné pour Mme de Marans, voir la lettre du 6 février 1671 (n° 2). Elle perce même dans ce portrait de la convertie, le plus long de la correspondance.

point de Venise, un mouchoir noir, un manteau gris effacé, une vieille jupe. Elle fut aise de me voir ; nous nous embrassâmes tendrement. Elle n'est pas fort changée. Nous parlâmes de vous d'abord ; elle vous aime autant que jamais, et me paraît si humiliée qu'il n'y a pas moyen de ne la pas aimer. Nous parlâmes de sa dévotion ; elle me dit qu'il était vrai que Dieu lui avait fait des grâces, dont elle a une sensible reconnaissance. Ces grâces ne sont rien du tout qu'une grande foi, un tendre amour de Dieu, et une horreur pour le monde, tout cela joint à une si grande défiance d'elle-même et de ses faiblesses qu'elle est persuadée que si elle prenait l'air un moment, cette grâce si divine s'évaporerait. Je trouvai que c'était une fiole d'essence qu'elle conservait dans sa solitude ; elle croit que le monde lui ferait perdre cette liqueur précieuse, et même elle craint le tracas de la dévotion. Mme de Schomberg dit qu'elle est une vagabonde au prix de la Marans. Cette humeur sauvage que vous connaissiez s'est tournée en retraite ; le tempérament ne se change pas. Elle n'a pas même la folie, si commune à toutes les femmes, d'aimer leur confesseur. Elle n'aime point cette liaison ; elle ne lui parle qu'à confesse. Elle va à pied à sa paroisse, et lit tous nos bons livres[1]. Elle travaille, elle prie Dieu ; ses heures sont réglées. Elle mange quasi toujours dans sa chambre. Elle voit Mme de Schomberg à de certaines heures. Elle hait autant les nouvelles du monde qu'elle les aimait. Elle excuse autant son prochain qu'elle l'accusait. Elle aime autant Dieu qu'elle aimait le monde. Nous rîmes fort de ses manières passées ; nous les tournâmes en ridicule. Elle n'a point le style des sœurs colettes[2] ; elle parle fort sincèrement et fort agréablement de son état. J'y fus

1. Les livres de Port-Royal.
2. Des personnes dont la vocation est encore toute récente.

deux heures ; on ne s'ennuie point avec elle. Elle se mortifie de ce plaisir, mais c'est sans affectation. Enfin elle est bien plus aimable qu'elle n'était. [...]

43
A madame de Grignan

A Paris, ce vendredi 26 janvier 1674.

[...] Il n'y eut personne au bal de mercredi dernier. Le Roi et la Reine avaient toutes les pierreries de la couronne. Le malheur voulut que ni Monsieur, ni Madame, ni Mademoiselle, ni Mmes de Soubise, Sully, d'Harcourt, Ventadour, Coëtquen, Grancey, tout cela manqua par diverses raisons. Ce fut une pitié ; Sa Majesté en était chagrine. Vous voyez bien que ce n'est pas ma faute. [...]

Je revins hier du Mesnil[1], chez Mme de Montmor, où j'étais allée pour voir le lendemain M. d'Andilly[2]. Je fus six heures avec lui, avec toute la joie que peut donner la conversation d'un homme admirable. Nous parlâmes fort de l'Évêque ; je lui ai fait faire quelques signes de croix en lui représentant ses dispositions épiscopales, et le procédé canonique qu'il a eu avec M. de Grignan. Je vis aussi mon oncle de Sévigné[3], mais un moment.

1. Le Mesnil-Saint-Denis, à quatre ou cinq kilomètres des Granges de la célèbre abbaye de Port-Royal.
2. Il venait de quitter Pomponne, où Mme de Sévigné l'avait rencontré dans un précédent voyage (lettre du 26 avril 1671, n° 8, note 1 de p. 49), pour se retirer à Port-Royal des Champs. Il y mourut au mois de septembre suivant.
3. Renaud de Sévigné (voir la lettre du 15 janvier 1674, n° 42, note 2 de p. 138).

Ce Port-Royal est une Thébaïde[1] : c'est le paradis ; c'est un désert où toute la dévotion du christianisme s'est rangée ; c'est une sainteté répandue dans tout ce pays à une lieue à la ronde. Il y a cinq ou six solitaires qu'on ne connaît point, qui vivent comme les pénitents de saint Jean Climaque. Les religieuses sont des anges sur terre. Mlle de Vertus y achève sa vie avec une résignation extrême et des douleurs inconcevables ; elle ne sera pas en vie dans un mois. Tout ce qui les sert, jusqu'aux charretiers, aux bergers, aux ouvriers, tout est saint, tout est modeste. Je vous avoue que j'ai été ravie de voir cette divine solitude, dont j'avais tant ouï parler : c'est un vallon affreux, tout propre à faire son salut.

Je revins coucher au Mesnil, et hier nous revînmes ici, après avoir encore embrassé M. d'Andilly en passant. Je crois que je dînerai demain chez M. de Pomponne. Ce ne sera pas sans parler de son père et de ma fille ; voilà deux chapitres qui nous tiennent au cœur. J'attends tous les jours mon fils. Il m'écrit des tendresses infinies. Il est parti plus tôt, et revient plus tard que les autres ; nous croyons que cela roule sur une amitié qu'il a à Sézanne[2], mais, comme ce n'est pas pour épouser, je m'en mets l'esprit en repos. [...]

---

1. Une sainte solitude par référence au désert d'Égypte, dans la région de Thèbes, où s'étaient retirés de nombreux chrétiens des premiers siècles.
2. Dans la Marne, près d'Épernay.

44

A madame de Grignan

A Paris, mercredi 28 août 1675.

Je supprimerai donc le lundi. Je ne me souviens plus quelle brouillerie de dates je pus faire en ce temps-là. Je sais seulement que je vous écrivis trois fois : le lundi, mercredi, et vendredi, afin que vous puissiez choisir. J'en ferai autant cette semaine, parce que je vous écrivis lundi, et puis je reprendrai mon train ordinaire[1]. Si l'on pouvait écrire tous les jours, je le trouverais fort bon, et souvent je trouve invention de le faire, quoique mes lettres ne partent pas. Ce plaisir d'écrire est uniquement pour vous, car à tout le reste du monde, on voudrait avoir écrit, et c'est parce qu'on le doit.

Vraiment, ma bonne, je m'en vais bien vous parler encore de M. de Turenne[2]. Mme d'Elbeuf[3], qui demeure pour quelques jours chez le cardinal de Bouillon, me pria hier de dîner avec eux deux, pour parler de leur affliction. Mme de La Fayette y était. Nous fîmes bien précisément ce que nous avions résolu ; les yeux ne nous séchèrent pas. Elle avait un portrait divinement bien fait de ce héros, et tout son train[4] était arrivé à onze heures ; tous ses pauvres gens étaient fondus en larmes, et déjà tous habillés de deuil. Il vint trois gentilshommes qui pensèrent mourir de voir ce por-

1. Le courrier partant le lundi s'arrêtait à Lyon. Il était donc inutile de lui confier une lettre pour la Provence. Mme de Sévigné a dû le faire pour tromper son attente.
2. Il avait été tué à l'armée d'un boulet de canon. Depuis le 31 juillet, Mme de Sévigné revient sans cesse sur les circonstances de cette mort. C'est ici un des récits les plus complets.
3. Nièce de Turenne. C'est une sœur du cardinal de Bouillon.
4. Ses domestiques et son équipage.

trait. C'étaient des cris qui faisaient fendre le cœur ;
ils ne pouvaient prononcer une parole. Ses valets de
chambre, ses laquais, ses pages, ses trompettes, tout
était fondu en larmes et faisait fondre les autres. Le
premier qui put prononcer une parole répondit à nos
tristes questions. Nous nous fîmes raconter sa mort.
Il voulait se confesser le soir et, en se cachotant, il
avait donné les ordres pour le soir, et devait communier le lendemain, qui était le dimanche. Il croyait
donner la bataille, et monta à cheval à deux heures le
samedi, après avoir mangé. Il avait bien des gens avec
lui ; il les laissa tous à trente pas de la hauteur où il
voulait aller. Il dit au petit d'Elbeuf : « Mon neveu,
demeurez là. Vous ne faites que tourner autour de
moi ; vous me feriez reconnaître. » Il trouva
M. d'Hamilton près de l'endroit où il allait, qui lui
dit : « Monsieur, venez par ici ; on tirera où vous
allez. — Monsieur, lui dit-il, je m'y en vais. Je ne
veux point du tout être tué aujourd'hui ; cela sera le
mieux du monde. » Il tournait son cheval, il aperçut
Saint-Hilaire, qui lui dit le chapeau à la main :
« Monsieur, jetez les yeux sur cette batterie que j'ai
fait mettre là. » Il retourne deux pas et, sans être
arrêté, il reçut le coup qui emporta le bras et la main
qui tenaient le chapeau de Saint-Hilaire, et perça le
corps après avoir fracassé le bras de ce héros. Ce
gentilhomme le regardait toujours ; il ne le voit point
tomber. Le cheval l'emporta où il avait laissé le petit
d'Elbeuf et n'était point encore tombé, mais il était
penché le nez sur l'arçon. Dans ce moment, le cheval
s'arrête ; il tomba entre les bras de ses gens. Il ouvrit
deux fois de grands yeux et la bouche, et puis demeura
tranquille pour jamais. Songez qu'il était mort et qu'il
avait une partie du cœur emportée. On crie, on pleure.
M. d'Hamilton fit cesser ce bruit et ôter le petit
d'Elbeuf, qui était jeté sur ce corps, qui ne le voulait

pas quitter et qui se pâmait de crier. On jette un manteau. On le porte dans une haie. On le garde à petit bruit. Un carrosse vient ; on l'emporte dans sa tente. Ce fut là où M. de Lorges, M. de Roye[1], et beaucoup d'autres pensèrent mourir de douleur, mais il fallut se faire violence et songer aux grandes affaires qu'il avait sur les bras.

On lui a fait un service militaire dans le camp, où les larmes et les cris faisaient le véritable deuil. Tous les officiers pourtant avaient des écharpes de crêpe ; tous les tambours en étaient couverts, qui ne frappaient qu'un coup ; les piques traînantes et les mousquets renversés. Mais ces cris de toute une armée ne se peuvent pas représenter sans que l'on en soit ému. Ses deux véritables neveux (car pour l'aîné[2], il faut le dégrader) étaient à cette pompe[3], dans l'état que vous pouvez penser. M. de Roye, tout blessé, s'y fit porter, car cette messe ne fut dite que quand ils eurent repassé le Rhin. Je pense que le pauvre Chevalier[4] était bien abîmé de douleur.

Quand ce corps a quitté son armée, ç'a été encore une autre désolation. Partout où il a passé ç'a été des clameurs, mais à Langres, ils se sont surpassés. Ils allèrent tous au-devant de lui, tous habillés de deuil, au nombre de plus de deux cents, suivis du peuple ; tout le clergé en cérémonie. Ils firent dire un service solennel dans la ville et, en un moment, se cotisèrent tous pour cette dépense, qui monte à cinq mille francs, parce qu'ils reconduisirent le corps jusqu'à la première ville et voulurent défrayer tout le train. Que dites-

1. Autres neveux de Turenne.
2. Le duc de Bouillon par opposition à Roye et à Lorges, le cardinal étant hors compétition.
3. Cette pompe (au sens originel de procession) funèbre.
4. Le chevalier de Grignan (autrefois Adhémar) qui servait dans l'armée de Turenne.

vous de ces marques naturelles d'une affection fondée sur un mérite extraordinaire ?

Il arrive à Saint-Denis ce soir ou demain ; tous ses gens l'allaient reprendre à deux lieues d'ici. Il sera dans une chapelle en dépôt, en attendant qu'on prépare la chapelle. Il y aura un service, en attendant celui de Notre-Dame, qui sera solennel.

Que dites-vous du divertissement que nous eûmes ? Nous dînâmes comme vous pouvez penser et, jusqu'à quatre heures, nous ne fîmes que soupirer. Le cardinal de Bouillon parla de vous, et répondit que vous n'auriez point évité cette triste partie si vous aviez été ici. Je l'assurai fort de votre douleur. Il vous fera réponse et à M. de Grignan, et me pria de vous dire mille amitiés, et la bonne d'Elbeuf, qui perd tout, aussi bien que son fils. Voilà une belle chose de m'être embarquée à vous conter ce que vous savez déjà, mais ces originaux m'ont frappée, et j'ai été bien aise de vous faire voir que voilà comme on oublie M. de Turenne en ce pays-ci.

45

A madame de Grignan

A Vichy, mercredi 20 mai 1676.

J'ai donc pris des eaux ce matin, ma très chère. Ah ! qu'elles sont méchantes[1] ! J'ai été prendre le *chanoine*[2], qui ne loge point avec Mme de Brissac. On va à six

---

1. Désagréables. Par suite de rhumatisme dont elle avait été atteinte aux Rochers en janvier 1676, Mme de Sévigné avait été envoyée aux eaux par les médecins. Ils lui conseillaient Bourbon ; elle préféra Vichy, où elle revint encore en 1677.
2. Surnom d'une amie, Mme de Longueval, chanoinesse (laïque) de Remiremont.

heures à la fontaine. Tout le monde s'y trouve. On boit, et l'on fait une fort vilaine mine, car imaginez-vous qu'elles sont bouillantes et d'un goût de salpêtre fort désagréable. On tourne, on va, on vient, on se promène, on entend la messe, on rend les eaux, on parle confidemment de la manière qu'on les rend ; il n'est question que de cela jusqu'à midi. Enfin, on dîne. Après dîner, on va chez quelqu'un ; c'était aujourd'hui chez moi. Mme de Brissac a joué à l'hombre[1] avec Saint-Hérem et Plancy. Le *chanoine* et moi nous lisons l'Arioste ; elle a l'italien dans la tête, elle me trouve bonne. Il est venu des demoiselles du pays avec une flûte, qui ont dansé la bourrée dans la perfection ; c'est ici où les Bohémiennes puisent leurs agréments. Elles font des *dégognades*[2], où les curés trouvent un peu à redire[3]. Mais enfin, à cinq heures, on se va promener dans des pays délicieux ; à sept heures, on soupe légèrement. On se couche à dix. Vous en savez présentement autant que moi. Je me suis assez bien trouvée de mes eaux. J'en ai bu douze verres[4] : elles m'ont un peu purgée ; c'est tout ce qu'on désire. Je prendrai la douche dans quelques jours. Je vous écrirai tous les soirs ; ce m'est une consolation, et ma lettre partira quand il plaira à un petit messager qui apporte les lettres et qui veut partir un quart d'heure après ; la mienne sera toujours prête. L'abbé Bayard vient d'arriver de sa jolie maison pour me voir ; c'est le *druide Adamas*[5] de cette contrée.

---

1. Jeu de cartes.
2. Sorte de bourrée auvergnate. On disait aussi des gognades.
3. L'Église trouvait cette danse licencieuse.
4. Dose énorme pour nous, courante à l'époque.
5. Sage personnage de *L'Astrée*, dont l'action se passe en Forez. Voisin du mari de Mme de La Fayette, qui avait des terres près de Vichy, à Espinasse, l'abbé Bayard, résidait à Langlard.

46
A madame de Grignan

A Vichy, jeudi 28 mai 1676.

Je les reçois, ma bonne ; l'une me vient du côté de Paris, et l'autre de Lyon[1]. Vous êtes privée d'un grand plaisir de ne faire jamais de pareilles lectures. Je ne sais où vous prenez tout ce que vous dites, mais cela est d'un agrément et d'une justesse à quoi on ne s'accoutume pas. Vous avez raison de croire, ma bonne, que j'écris sans effort et que mes mains se portent mieux. Elles ne se ferment point encore, et les dedans de la main sont fort enflés, et les doigts aussi ; cela me fait trembloter, et me fait de la plus méchante grâce du monde dans le bon air des bras et des mains, mais je tiens très bien une plume, et c'est ce qui me fait prendre patience.

J'ai commencé aujourd'hui la douche ; c'est une assez bonne répétition du purgatoire. On est toute nue dans un petit lieu sous terre[2], où l'on trouve un tuyau de cette eau chaude, qu'une femme vous fait aller où vous voulez. Cet état où l'on conserve à peine une feuille de figuier pour tout habillement est une chose assez humiliante. J'avais voulu mes deux femmes de chambre pour voir encore quelqu'un de connaissance. Derrière le rideau se met quelqu'un qui vous soutient le courage pendant une demi-heure ; c'était pour moi un médecin de Gannat, que Mme de Noailles a mené à toutes ses eaux, qu'elle aime fort, qui est un fort honnête garçon, point charlatan ni préoccupé de rien, qu'elle m'a envoyé par pure et bonne amitié. Je le

1. Une lettre a été retransmise de Paris ; l'autre est venue directement de Lyon.
2. On prenait la douche près de la source de la grande grille, d'où provenait l'eau.

retiens, m'en dût-il coûter mon bonnet, car ceux d'ici me sont entièrement insupportables. Cet homme m'amuse. Il ne ressemble point à un vilain médecin ; il ne ressemble point aussi à celui de Chelles[1]. Il a de l'esprit, de l'honnêteté, il connaît le monde ; enfin j'en suis contente. Il me parlait donc pendant que j'étais au supplice. Représentez-vous un jet d'eau contre quelqu'une de vos pauvres parties, toute la plus bouillante que vous puissiez vous imaginer. On met d'abord l'alarme partout, pour mettre en mouvement tous les esprits, et puis on s'attache aux jointures qui ont été affligées. Mais quand on vient à la nuque du cou, c'est une sorte de feu et de surprise qui ne se peut comprendre. Cependant c'est là le nœud de l'affaire. Il faut tout souffrir, et l'on souffre tout, et l'on n'est point brûlée, et on se met ensuite dans un lit chaud, où l'on sue abondamment, et voilà ce qui guérit. Voilà encore où mon médecin est bon, car au lieu de m'abandonner à deux heures d'un ennui qui ne se peut séparer de la sueur, je le fais lire, et cela me divertit. Enfin je ferai cette vie pendant sept ou huit jours, pendant lesquels je croyais boire, mais on ne veut pas ; ce serait trop de choses ; de sorte que c'est une petite allonge à mon voyage.

Les dérèglements sont tous réglés, et c'est pour finir cet adieu et faire une dernière lessive que l'on m'a principalement envoyée, et je trouve qu'il y a de la raison ; c'est comme si je renouvelais un bail de vie et de santé. Et si je puis vous revoir, ma chère bonne, et vous embrasser encore d'un cœur comblé de tendresse et de joie, vous pourrez peut-être m'appeler encore *bellissima madre*, et je ne renoncerai pas à la

---

1. Un médecin joli garçon, dont il a été souvent parlé dans les lettres précédentes.

qualité de *mère-beauté*, dont M. de Coulanges m'a honorée. [...]

47

A madame de Grignan

A Paris, ce vendredi 17 juillet 1676.

Enfin c'en est fait, la Brinvilliers est en l'air[1]. Son pauvre petit corps a été jeté, après l'exécution, dans un fort grand feu, et les cendres au vent, de sorte que nous la respirerons, et par la communication des petits esprits, il nous prendra quelque humeur empoisonnante dont nous serons tous étonnés[2]. Elle fut jugée dès hier. Ce matin, on lui a lu son arrêt, qui était de faire amende honorable[3] à Notre-Dame et d'avoir la tête coupée, son corps brûlé, les cendres au vent. On l'a présentée à la question[4] ; elle a dit qu'il n'en était pas besoin, et qu'elle dirait tout. En effet, jusqu'à cinq heures du soir elle a conté sa vie, encore plus épouvantable qu'on ne le pensait. Elle a empoisonné dix fois de suite son père (elle ne pouvait en venir à bout), ses frères et plusieurs autres. Et toujours l'amour et les confidences mêlés partout. Elle n'a rien dit contre Pennautier[5]. Après cette confession, on n'a pas laissé

1. Madeleine d'Aubray, marquise de Brinvilliers, fille d'un lieutenant civil au Châtelet de Paris (nous dirions d'un préfet de police), fut convaincue d'avoir empoisonné son père (1666) et ses deux frères (1670). En fuite depuis 1672, elle fut arrêtée à Liège en mars 1676, jugée du 29 avril au 16 juillet et exécutée le 17.
2. Plaisanterie fondée sur la théorie de Descartes sur les esprits animaux ou petits esprits, particules subtiles animant les corps.
3. Déclarer publiquement son repentir et demander pardon.
4. Torture préliminaire à l'exécution pour tirer du coupable l'aveu de ses éventuels complices.
5. Suspect d'avoir été son complice.

de lui donner la question dès le matin, ordinaire et extraordinaire ; elle n'en a pas dit davantage. Elle a demandé à parler à Monsieur le Procureur général ; elle a été une heure avec lui. On ne sait point encore le sujet de cette conversation. A six heures on l'a menée, nue en chemise et la corde au cou, à Notre-Dame faire l'amende honorable. Et puis on l'a remise dans le même tombereau, où je l'ai vue, jetée à reculons sur de la paille, avec une cornette basse et sa chemise, un docteur[1] auprès d'elle, le bourreau de l'autre côté. En vérité, cela m'a fait frémir. Ceux qui ont vu l'exécution disent qu'elle a monté sur l'échafaud avec bien du courage. Pour moi, j'étais sur le pont Notre-Dame avec la bonne d'Escars ; jamais il ne s'est vu tant de monde, ni Paris si ému ni si attentif. Et demandez-moi ce qu'on a vu, car pour moi je n'ai vu qu'une cornette, mais enfin ce jour était consacré à cette tragédie. J'en saurai demain davantage, et cela vous reviendra. [...]

48

A madame de Grignan

A Paris, mercredi 29 juillet 1676.

Voici, ma bonne, un changement de scène qui vous paraîtra aussi agréable qu'à tout le monde. Je fus samedi à Versailles avec les Villars ; voici comme cela va. Vous connaissez la toilette de la Reine, la messe, le dîner, mais il n'est plus besoin de se faire étouffer, pendant que Leurs Majestés sont à table, car, à trois heures, le Roi, la Reine, Monsieur, Madame, Mademoiselle, tout ce qu'il y a de princes et princesses,

---

1. Un prêtre docteur en théologie.

Mme de Montespan[1], toute sa suite, tous les courtisans, toutes les dames, enfin ce qui s'appelle la cour
de France, se trouve dans ce bel appartement du Roi
que vous connaissez. Tout est meublé divinement ;
tout est magnifique. On ne sait ce que c'est que d'y
avoir chaud. On passe d'un lieu à l'autre sans faire la
presse nulle part. Un jeu de reversis[2] donne la forme,
et fixe tout. C'est le Roi (et Mme de Montespan tient
la carte), Monsieur, la Reine, et Mme de Soubise ;
M. de Dangeau et compagnie, Langlée et compagnie[3].
Mille louis sont répandus sur le tapis ; il n'y a point
d'autres jetons. Je voyais jouer Dangeau, et j'admirais
combien nous sommes sots auprès de lui. Il ne songe
qu'à son affaire et gagne où les autres perdent. Il ne
néglige rien, il profite de tout, il n'est point distrait ;
en un mot, sa bonne conduite défie la fortune. Aussi
les deux cent mille francs en dix jours, les cent mille
écus en un mois, tout cela se met sur le livre de sa
recette. Il dit que je prenais part à son jeu de sorte
que je fus assise très agréablement et très commodé-
ment.

Je saluai le Roi, comme vous me l'avez appris ; il
me rendit mon salut, comme si j'avais été jeune et
belle. La Reine me parla tout aussi longtemps de ma
maladie[4] que si ç'eût été une couche. Elle me dit
encore quelques mots de vous. Monsieur le Duc[5] me
fit mille de ces caresses à quoi il ne pense pas. Le
maréchal de Lorges m'attaqua sous le nom du chevalier de Grignan, enfin *tutti quanti* : vous savez ce que
c'est que de recevoir un mot de tout ce qu'on trouve

1. Sont successivement cités : la femme du roi, son frère, sa
belle-sœur, sa cousine germaine, sa maîtresse.
2. Jeu de cartes.
3. Joueurs professionnels, les deux derniers cités ont des associés.
4. Le rhumatisme, cause du voyage à Vichy.
5. Le duc d'Enghien, fils du prince de Condé.

en chemin. Mme de Montespan me parla de Bourbon ;
elle me pria de lui conter Vichy, et comme je m'en
étais trouvée. Elle me dit que Bourbon, au lieu de lui
guérir un genou, lui a fait mal aux dents. Je lui trouvai
le dos bien plat, comme disait la maréchale de La
Meilleraye, mais sérieusement, c'est une chose surprenante que sa beauté ; sa taille n'est pas de la moitié si
grosse qu'elle était, sans que son teint, ni ses yeux, ni
ses lèvres en soient moins bien. Elle était tout habillée
de point de France, coiffée de mille boucles. Les deux
côtés des tempes lui tombaient fort bas sur les joues.
Des rubans noirs sur sa tête, des perles de la maréchale
de L'Hôpital[1], embellies de boucles et de pendeloques
de diamant de la dernière beauté, trois ou quatre
poinçons[2], point de coiffe ; en un mot, une triomphante beauté à faire admirer à tous les ambassadeurs.
Elle a su qu'on se plaignait qu'elle empêchait toute la
France de voir le Roi ; elle l'a redonné, comme vous
voyez, et vous ne sauriez croire la joie que tout le
monde en a, ni de quelle beauté cela rend la cour.
Cette agréable confusion, sans confusion[3], de tout ce
qu'il y a de plus choisi dure jusqu'à six heures depuis
trois. S'il vient des courriers, le Roi se retire pour lire
ses lettres, et puis revient. Il y a toujours quelque
musique qu'il écoute, et qui fait un très bon effet. Il
cause avec celles qui ont accoutumé d'avoir cet honneur. Enfin on quitte le jeu à l'heure que je vous ai
dite ; on n'a point du tout de peine à faire les comptes ;
il n'y a point de jetons ni de marques. Les poules[4]
sont au moins de cinq, six ou sept cents louis, les
grosses de mille, de douze cents. On en met d'abord

1. Ses pierres, dit-on, étaient plus grosses que celles de la reine.
2. Joyaux servant à orner la tête des femmes.
3. Ce mélange de tout le monde sans désordre.
4. Les mises de chaque joueur ; les « grosses » : les doubles mises.

vingt chacun, c'est cent, et puis celui qui fait en met dix. On donne chacun quatre louis à celui qui a le quinola[1] ; on passe. Et quand on fait jouer et qu'on ne prend pas la poule, on en met seize à la poule pour apprendre à jouer mal à propos. On parle sans cesse et rien ne demeure sur le cœur. « Combien avez-vous de cœurs ? — J'en ai deux, j'en ai trois, j'en ai un, j'en ai quatre. » Il n'en a donc que trois, que quatre, et de tout ce caquet Dangeau est ravi ; il découvre le jeu, il tire les conséquences, il voit ce qu'il y a à faire. Enfin, j'étais ravie de voir cet excès d'habileté ; vraiment c'est bien lui qui sait le dessous des cartes, car il sait toutes les autres couleurs.

A six heures donc on monte en calèche, le Roi, Mme de Montespan, Monsieur, Mme de Thianges, et la bonne d'Heudicourt sur le strapontin, c'est-à-dire comme en paradis, ou dans *la gloire de Niquée*[2]. Vous savez comme ces calèches sont faites ; on ne se regarde point, on est tourné de même côté. La Reine était dans une autre avec les princesses, et ensuite tout le monde attroupé selon sa fantaisie. On va sur le canal dans des gondoles ; on y trouve de la musique. On revient à dix heures ; on trouve la comédie. Minuit sonne ; on fait *medianoche*[3]. Voilà comme se passa le samedi ; nous revînmes quand on monta en calèche.

De vous dire combien de fois on me parla de vous, combien on me demanda de vos nouvelles, combien on me fit de questions sans attendre la réponse, combien j'en épargnai, combien on s'en souciait peu, combien je m'en souciais encore moins, vous recon-

---

1. Le reversis se joue à cinq joueurs.
2. Personnage du roman d'*Amadis*, perdu dans la contemplation de celle qu'il aime, comme Mme d'Heudicourt l'est dans celle des grands avec lesquels elle vit.
3. Repas gras à minuit après un jour maigre.

naîtriez au naturel l'*iniqua corte*[1]. Cependant elle ne fut jamais si agréable, et l'on souhaite fort que cela continue. [...]

49

A madame de Grignan

A Paris, vendredi 23 février 1680.

[...] Je ne vous parlerai que de Mme Voisin[2]. Ce ne fut point mercredi, comme je vous l'avais mandé, qu'elle fut brûlée ; ce ne fut qu'hier. Elle savait son arrêt dès lundi, chose fort extraordinaire[3]. Le soir elle dit à ses gardes : « Quoi ? nous ne ferons point *medianoche* ! » Elle mangea avec eux à minuit, par fantaisie, car il n'était point jour maigre. Elle but beaucoup de vin ; elle chanta vingt chansons à boire. Le mardi, elle eut la question ordinaire, extraordinaire[4] ; elle avait dîné et dormi huit heures. Elle fut confrontée à Mmes de Dreux, Le Féron[5], et plusieurs autres, sur le matelas. On ne dit pas encore ce qu'elle a dit ; on croit toujours qu'on verra des choses étranges. Elle soupa le soir, et recommença, toute

---

1. La cour où ne règne pas la justice, en italien.
2. Catherine Deshayes, femme Montvoisin, dite la Voisin, avait été arrêtée le 12 mars 1679 pour avortements, enfants égorgés, messes noires, et surtout fourniture de poisons, souvent à de fort grands personnages. Son procès mit en cause plus de trois cents personnes.
3. Il n'y avait en général pas de délai entre l'arrêt et son exécution.
4. Comme Mme de Brinvilliers (lettre du 17 juillet 1676, n° 47), mais Mme de Sévigné est mal informée. Selon le lieutenant de police, elle en fut dispensée : on ne tenait pas à de nouvelles dénonciations.
5. Femmes de magistrats soupçonnées d'avoir voulu empoisonner leurs maris.

brisée qu'elle était, à faire la débauche avec scandale.
On lui en fit honte, et on lui dit qu'elle ferait bien
mieux de penser à Dieu, et de chanter un *Ave maris
stella* ou un *Salve*[1] que toutes ces chansons ; elle chanta
l'un et l'autre en ridicule. Elle mangea le soir et
dormit. Le mercredi se passa de même en confronta-
tions et débauches[2] et chansons ; elle ne voulut point
voir de confesseur. Enfin le jeudi, qui était hier, on ne
voulut lui donner qu'un bouillon. Elle en gronda,
craignant de n'avoir pas la force de parler à ces
messieurs[3]. Elle vint en carrosse de Vincennes à Paris ;
elle étouffa un peu et fut embarrassée. On la voulut
faire confesser, point de nouvelles. A cinq heures on
la lia et, avec une torche à la main, elle parut dans le
tombereau, habillée de blanc ; c'est une sorte d'habit
pour être brûlée. Elle était fort rouge, et l'on voyait
qu'elle repoussait le confesseur et le crucifix avec
violence. Nous la vîmes passer à l'hôtel de Sully[4],
Mme de Chaulnes et Mme de Sully, la Comtesse, et
bien d'autres. A Notre-Dame, elle ne voulut jamais
prononcer l'amende honorable[5] et, à la Grève, elle se
défendit autant qu'elle put de sortir du tombereau. On
l'en tira de force. On la mit sur le bûcher, assise et
liée avec du fer. On la couvrit de paille. Elle jura
beaucoup, elle repoussa la paille cinq ou six fois, mais
enfin le feu s'augmenta et on l'a perdue de vue, et ses

---

1. On chantait le *Salve*, prière à la Vierge demandant le salut de
l'âme, aux exécutions capitales. Le cantique commençant par :
« Salut, étoile de la mer » était aussi une invocation à la Vierge
Marie pour lui demander son aide dans des circonstances difficiles.
2. Bons repas, bien arrosés. Les prisonniers pouvaient, moyennant
finance, se les procurer en prison.
3. Les juges.
4. Rue Saint-Antoine.
5. La révolte de la Voisin est en parfait contraste avec le repentir
et la soumission de Mme de Brinvilliers.

cendres sont en l'air présentement. Voilà la mort de
Mme Voisin, célèbre par ses crimes et par son impiété.
On croit qu'il y aura de grandes suites qui nous
surprendront.

Un juge, à qui mon fils disait, l'autre jour, que
c'était une étrange chose que de la faire brûler à petit
feu, lui dit : « Ah ! monsieur, il y a certains petits
adoucissements à cause de la faiblesse du sexe. — Eh
quoi ! monsieur, on les étrangle ? — Non, mais on
leur jette des bûches sur la tête ; les garçons du
bourreau leur arrachent la tête avec des crocs de fer. »
Vous voyez bien, ma fille, que cela n'est pas si terrible
que l'on pense. Comment vous portez-vous de ce petit
conte[1] ? Il m'a fait grincer les dents. Une de ces
misérables, qui fut pendue l'autre jour, avait demandé
la vie à M. de Louvois et qu'en ce cas, elle dirait des
choses étranges ; elle fut refusée. « Eh bien ! dit-elle,
soyez persuadé que nulle douleur ne me fera dire une
seule parole. » On lui donna la question ordinaire,
extraordinaire, et si extraordinairement extraordinaire
qu'elle pensa y mourir, comme une autre qui expira,
le médecin lui tenant le pouls, cela soit dit en passant.
Cette femme donc souffrit tout l'excès de ce martyre
sans parler. On la mène à la Grève. Avant que d'être
jetée, elle dit qu'elle voulait parler. Elle se présente
héroïquement : « Messieurs, dit-elle, assurez M. de
Louvois que je suis sa servante, et que je lui ai tenu
ma parole ; allons, qu'on achève. » Elle fut expédiée à
l'instant. Que dites-vous de cette sorte de courage ? Je
sais encore mille petits contes agréables comme celui-
là, mais le moyen de tout dire ?

Pendant que nous sommes parmi ces horreurs, vous
êtes au bal, ma bonne, vous donnez de grands soupers,

1. Récit.

Bussy-Rabutin.

mon petit-fils est sur le théâtre et danse à merveille[1] ;
en vérité, c'est ce qui s'appelle le carnaval. J'ai bien
envie de savoir comme aura fait le petit garçon et
comme se sera passée votre fête. Mais vous ne ferez
autre chose tous ces jours gras ; vous avez beau vous
dépêcher de vous divertir, vous n'en trouverez pas si
tôt la fin. Nous avons le carême bien haut[2]. [...]

50

A Moulceau

A Paris, vendredi 13 décembre 1686.

Je vous ai écrit, Monsieur, une grande lettre, il y a
plus d'un mois, toute pleine d'amitié, de secrets et de
confiance[3]. Je ne sais ce qu'elle est devenue. Elle se
sera égarée en vous allant chercher peut-être aux États.
Tant y a que vous ne m'avez point fait de réponse,
mais cela ne m'empêchera pas de vous apprendre une
triste et une agréable nouvelle : la mort de Monsieur
le Prince, arrivée à Fontainebleau avant-hier, mercredi
11e du mois, à sept heures et un quart du soir, et le
retour de M. le prince de Conti[4] à la cour, par la bonté
de Monsieur le Prince, qui demanda cette grâce au
Roi un peu devant que de tourner à l'agonie, et le Roi
lui accorda dans le moment, et Monsieur le Prince eut
cette consolation en mourant. Mais jamais une joie
n'a été noyée de tant de larmes. M. le prince de Conti
est inconsolable de la perte qu'il a faite. Elle ne pouvait

1. Louis-Provence, qui dansait sur le théâtre du collège des
Jésuites à Aix.
2. Tardif. Pâques tombait le 21 avril.
3. De confidences.
4. Neveu de Condé, chassé de la cour pour inconduite et déso-
béissance.

être plus grande, surtout depuis qu'il a passé tout le temps de sa disgrâce à Chantilly, faisant un usage admirable de tout l'esprit et de toute la capacité de Monsieur le Prince, puisant à la source de tout ce qu'il y avait de bon à apprendre sous un si grand maître, dont il était chèrement aimé. Monsieur le Prince avait couru, avec une diligence qui lui a coûté la vie, de Chantilly à Fontainebleau, quand Mme de Bourbon[1] y tomba malade de la petite vérole, afin d'empêcher Monsieur le Duc[2] de la garder et d'être auprès d'elle, parce qu'il n'a point eu la petite vérole, car sans cela, Madame la Duchesse, qui l'a toujours gardée, suffisait bien pour être en repos de la conduite de sa santé. Il fut fort malade, et enfin il a péri par une grande oppression qui lui fit dire, comme il croyait venir à Paris, qu'il allait faire un plus grand voyage, et envoya quérir le P. Deschamps, son confesseur[3], et après vingt-quatre heures d'extinction, après avoir reçu tous ses sacrements, il est mort regretté et pleuré amèrement de sa famille et de ses amis. Le Roi en a témoigné beaucoup de tristesse, et enfin on sent la douleur de voir sortir du monde un si grand homme, un si grand héros, dont les siècles entiers ne sauront point remplir la place.

Il arriva une chose extraordinaire, il y a trois semaines, un peu devant que Monsieur le Prince partît pour Fontainebleau. Un gentilhomme à lui, nommé Vervillon, revenant à trois heures de la chasse, approchant du château, il vit, à la fenêtre du cabinet des armes, un fantôme à la fenêtre, c'est-à-dire un homme

---

1. Cette femme du petit-fils de Condé était une fille de Louis XIV et de Mme de Montespan.
2. Fils de Condé.
3. Quand Condé envoya chercher le P. Deschamps en avril 1685 pour se confesser et communier à Pâques, cela surprit tout le monde, car cela faisait dix-sept ans qu'il ne l'avait pas fait.

enseveli. Il descendit de son cheval et s'approcha ; il
le vit toujours. Son valet, qui était avec lui, lui dit :
« Monsieur, je vois ce que vous voyez. » Vervillon ne
voulant pas lui dire pour le laisser parler naturellement, ils entrèrent dans le château, et prie le concierge
de lui donner la clef du cabinet des armes ; il y va, il
trouve toutes les fenêtres fermées, et un silence qui
n'avait pas été troublé, il y avait plus de six mois. On
conta cela à Monsieur le Prince ; il en fut un peu
frappé, puis s'en moqua. Tout le monde sut cette
histoire et tremblait pour Monsieur le Prince, et voilà
ce qui en est arrivé. On dit que ce Vervillon est un
homme d'esprit, et aussi peu capable de vision que le
pourrait être notre ami Corbinelli, outre que ce valet
eut la même apparition. Comme ce conte est vrai, je
vous le mande, afin que vous y fassiez vos réflexions
comme nous.

Depuis que cette lettre est commencée, j'ai vu
Briole, qui m'a fait pleurer les chaudes larmes par un
récit naturel et sincère de cette mort ; cela est au-
dessus de tout ce qu'on peut dire. La lettre qu'il a
écrite au Roi est la plus belle chose du monde, et le
Roi s'interrompit trois ou quatre fois par l'abondance
des larmes. C'était un adieu et une assurance d'une
parfaite fidélité, demandant un pardon noble des
égarements passés, ayant été forcé par le malheur des
temps ; un remerciement du retour du prince de Conti,
et beaucoup de bien de ce prince ; ensuite une recom-
mandation à sa famille d'être unis (il les embrassa
tous, et les fit embrasser devant lui, et promettre de
s'aimer comme frères) ; une récompense à tous ses
gens, demandant pardon des mauvais exemples, et un
christianisme partout et dans la réception des sacrements, qui donne une consolation et une admiration

éternelles. Je fais mes compliments à M. de Vardes sur cette perte. Adieu, mon cher Monsieur.

51

A Bussy-Rabutin

A Paris, ce lundi 10 mars 1687.

Voici encore de la mort et de la tristesse, mon cher cousin. Mais le moyen de ne vous pas parler de la plus belle, de la plus magnifique et de la plus triomphante pompe funèbre qui ait jamais été faite depuis qu'il y a des mortels ? C'est celle de feu Monsieur le Prince, qu'on a faite aujourd'hui à Notre-Dame. Tous les beaux esprits se sont épuisés à faire valoir tout ce qu'a fait ce grand prince, et tout ce qu'il a été. Ses pères sont représentés par des médailles jusqu'à saint Louis, toutes ses victoires par des basses-tailles[1], couvertes comme sous des tentes dont les coins sont ouverts et portés par des squelettes dont les attitudes sont admirables. Le mausolée, jusque près de la voûte, est couvert d'un dais en manière de pavillon encore plus haut, dont les quatre coins retombent en guise de tentes. Toute la place du chœur est ornée de ces basses-tailles, et de devises au-dessous, qui parlent de tous les temps de sa vie. Celui de sa liaison avec les Espagnols est exprimé par une nuit obscure, où trois mots latins disent : *Ce qui s'est fait loin du soleil doit être caché.* Tout est semé de fleurs de lis[2] d'une couleur sombre, et au-dessous une petite lampe qui fait dix

1. Des bas-reliefs.
2. Les fleurs de lis étaient réservées aux rois de France et aux membres de leur proche famille.

mille petites étoiles. J'en oublie la moitié, mais vous aurez le livre, qui vous instruira de tout en détail[1]. Si je n'avais point eu peur qu'on ne vous l'eût envoyé, je l'aurais joint à cette lettre, mais ce duplicata ne vous aurait pas fait plaisir. Tout le monde a été voir cette pompeuse décoration. Elle coûte cent mille francs à Monsieur le Prince d'aujourd'hui[2], mais cette dépense lui fait bien de l'honneur. C'est Monsieur de Meaux[3] qui a fait l'oraison funèbre ; nous la verrons imprimée. Voilà, mon cher cousin, fort grossièrement, le sujet de la pièce. Si j'avais osé hasarder de vous faire payer un double port, vous seriez plus content. Nous revoilà donc encore dans la tristesse.

Mais pour vous soutenir un peu, je m'en vais passer à une autre extrémité, c'est-à-dire de la mort à un mariage, et de l'excès de la cérémonie à l'excès de la familiarité, l'un et l'autre étant aussi originaux qu'il est possible. C'est du fils du duc de Gramont, âgé de quinze ans, et de la fille de M. de Noailles[4] dont je veux parler. On les marie ce soir à Versailles. Voici comment : personne n'est prié, personne n'est averti, chacun soupera ou fera collation chez soi. A minuit, on assemblera les deux mariés pour les mener à la paroisse, sans que les pères et les mères s'y trouvent qu'en cas qu'ils soient alors à Versailles. On les mariera. On ne trouvera point un grand étalage de toilette. On ne les couchera point ; on laissera le soin à la gouvernante et au gouverneur de les mettre dans un même lit. Le lendemain, on supposera que tout a bien été. On n'ira point les tourmenter ; point de bons

---

1. Permission avait été donnée dès le 20 février d'imprimer un livre sur *Les Honneurs funèbres* rendus à Condé.
2. A la mort de son père, Monsieur le Duc devient automatiquement Monsieur le Prince.
3. Bossuet, évêque de Meaux.
4. Elle avait quinze ans, et le marié, en réalité, dix-sept.

mots, point de méchantes plaisanteries. Ils se lèveront. Le garçon ira à la messe et au dîner du Roi. La petite personne s'habillera comme à l'ordinaire ; elle ira faire des visites avec sa bonne maman[1]. Elle ne sera point sur son lit, comme une mariée de village, exposée à toutes les ennuyeuses visites[2], et toute cette noce (chose qui ordinairement est bien marquée) sera confondue le plus joliment et le plus naturellement du monde avec toutes les autres actions de la vie, et s'est glissée si insensiblement dans le train ordinaire que personne ne s'est avisé qu'il fût arrivé quelque fête dans ces deux familles. Voilà de quoi je veux remplir cette lettre, mon cousin ; et je prétends que cette peinture, dans son espèce, est aussi extraordinaire que l'autre. [...]

52

A madame de Grignan

21 février 1689.

[...] Je suis persuadée que M. de Grignan sera obligé de revenir pour sa chevalerie[3], et que vous ne sauriez prendre un meilleur temps pour vous éloigner de votre château culbuté et inhabitable et venir faire un peu votre cour avec M. le chevalier de l'ordre, qui ne le sera qu'en ce temps-là.

---

1. La duchesse douairière de Noailles.
2. Selon l'usage. On y étalait cadeaux et beaux habits. En fait, les deux familles ont visé à l'économie, signe de l'appauvrissement de la noblesse.
3. Le collier de chevalier de l'ordre du Saint-Esprit, dont le roi venait de le décorer.

Je fis la mienne l'autre jour à Saint-Cyr[1], plus
agréablement que je n'eusse jamais pensé. Nous y
allâmes samedi, Mme de Coulanges, Mme de Bagnols,
l'abbé Têtu et moi. Nous trouvâmes nos places gar-
dées. Un officier dit à Mme de Coulanges[2] que Mme
de Maintenon lui faisait garder un siège auprès d'elle ;
vous voyez quel honneur : « Pour vous, madame, me
dit-il, vous pouvez choisir. » Je me mis avec Mme de
Bagnols au second banc derrière les duchesses. Le
maréchal de Bellefonds[3] vint se mettre, par choix, à
mon côté droit, et devant c'étaient Mmes d'Auvergne,
de Coislin, de Sully. Nous écoutâmes, le maréchal et
moi, cette tragédie[4] avec une attention qui fut remar-
quée, et de certaines louanges sourdes et bien placées,
qui n'étaient peut-être pas sous les fontanges de toutes
les dames. Je ne puis vous dire l'excès de l'agrément
de cette pièce. C'est une chose qui n'est pas aisée à
représenter, et qui ne sera jamais imitée ; c'est un
rapport de la musique, des vers, des chants, des
personnes, si parfait et si complet qu'on n'y souhaite
rien. Les filles qui font des rois et des personnages
sont faites exprès. On est attentif, et on n'a point
d'autre peine que celle de voir finir une si aimable
pièce. Tout y est simple, tout y est innocent, tout y
est sublime et touchant. Cette fidélité de l'histoire
sainte donne du respect ; tous les chants convenables
aux paroles, qui sont tirées des *Psaumes* ou de *La*

1. Maison d'éducation pour jeunes filles pauvres, mais de bonne
noblesse, fondée par Mme de Maintenon, seconde épouse (secrète)
du roi. On leur faisait jouer la comédie pour leur apprendre à bien
parler et à bien se tenir, selon la méthode des jésuites dans leurs
collèges de garçons.
2. Elle était depuis longtemps très amie de Mme de Maintenon.
3. Premier maître d'hôtel du roi, et fort dévot.
4. *Esther*, composée spécialement par Racine pour Saint-Cyr. Il
avait ajouté au texte parlé des chœurs en vers chantés.

Sagesse, et mis dans le sujet, sont d'une beauté qu'on ne soutient pas sans larmes. La mesure de l'approbation qu'on donne à cette pièce, c'est celle du goût et de l'attention. J'en fus charmée, et le maréchal aussi, qui sortit de sa place pour aller dire au Roi combien il était content, et qu'il était auprès d'une dame qui était bien digne d'avoir vu *Esther*. Le Roi vint vers nos places, et après avoir tourné, il s'adressa à moi, et me dit : « Madame, je suis assuré que vous avez été contente. » Moi, sans m'étonner[1], je répondis : « Sire, je suis charmée ; ce que je sens est au-dessus des paroles. » Le Roi me dit : « Racine a bien de l'esprit[2]. » Je lui dis : « Sire, il en a beaucoup, mais en vérité ces jeunes personnes en ont beaucoup aussi ; elles entrent dans le sujet comme si elles n'avaient jamais fait autre chose. » Il me dit : « Ah ! pour cela, il est vrai. » Et puis Sa Majesté s'en alla, et me laissa l'objet de l'envie. Comme il n'y avait quasi que moi de nouvelle venue, il eut quelque plaisir de voir mes sincères admirations sans bruit et sans éclat. Monsieur le Prince, Madame la Princesse me vinrent dire un mot. Mme de Maintenon, un éclair ; elle s'en allait avec le Roi. Je répondis à tout, car j'étais en fortune. Nous revînmes le soir aux flambeaux. Je soupai chez Mme de Coulanges, à qui le Roi avait parlé aussi avec un air d'être chez lui qui lui donnait une douceur trop aimable. Je vis le soir Monsieur le Chevalier[3]. Je lui contai tout naïvement mes petites prospérités, ne voulant point les cachoter sans savoir pourquoi, comme

1. Sans rester muette d'admiration et de surprise.
2. Le mot « esprit » au XVIIᵉ siècle a tant de sens qu'il signifie à la fois tout et rien. Le compliment vaut surtout parce qu'il vient de la bouche du roi.
3. Beau-frère de la comtesse.

Madame de Sévigné. Gravure de Mégard.

de certaines personnes ; il en fut content, et voilà qui
est fait. [...]

53
A Coulanges

A Grignan, jeudi 26 juillet 1691.

Voilà donc M. de Louvois mort[1], ce grand ministre,
cet homme si considérable, qui tenait une si grande
place, dont le *moi*, comme dit M. Nicole[2], était si
étendu, qui était le centre de tant de choses ! Que
d'affaires, que de desseins, que de projets, que de
secrets, que d'intérêts à démêler, que de guerres
commencées, que d'intrigues, que de beaux coups
d'échecs à faire et à conduire ! « Ah, mon Dieu !
donnez-moi un peu de temps ; je voudrais bien donner
un échec au duc de Savoie, un mat au prince d'Orange[3].
— Non, non, vous n'aurez pas un seul, un seul
moment. » Faut-il raisonner sur cette étrange aventure ? Non, en vérité, il faut y faire des réflexions dans
son cabinet. Voilà le second ministre que vous voyez
mourir depuis que vous êtes à Rome[4] ; rien n'est plus
différent que leur mort, mais rien n'est plus égal que
leur fortune, et leurs attachements, et les cent mille
millions de chaînes dont ils étaient tous deux attachés
à la terre.

Et sur ces grands objets qui doivent porter à Dieu,

1. Mort subitement d'apoplexie à cinquante ans.
2. Dans les *Essais de morale* (lettre du 16 septembre 1671, nᵒ 14,
note 1 de p. 73).
3. En guerre contre la France, dans la ligue d'Augsbourg.
4. Seignelay, fils de Colbert, mort à trente-neuf ans, l'année
précédente. Coulanges était à Rome avec le duc de Chaulnes, envoyé
du roi de France pour l'élection du nouveau pape.

vous vous trouvez embarrassé dans votre religion sur
ce qui se passe à Rome et au conclave ! Mon pauvre
cousin, vous vous méprenez. J'ai ouï dire qu'un
homme de très bon esprit tira une conséquence toute
contraire sur ce qu'il voyait dans cette grande ville, et
conclut qu'il fallait que la religion chrétienne fût toute
sainte et toute miraculeuse de subsister ainsi par elle-
même au milieu de tant de désordres et de profana-
tions. Faites donc comme cet homme, tirez les mêmes
conséquences, et songez que cette même ville a été
autrefois baignée du sang d'un nombre infini de
martyrs, qu'aux premiers siècles, toutes les intrigues
du conclave se terminaient à choisir entre les prêtres
celui qui paraissait avoir le plus de zèle et de force
pour soutenir le martyre ; qu'il y eut trente-sept papes
qui le souffrirent l'un après l'autre, sans que la certitude de cette mort les fît fuir ni refuser cette place où
la mort était attachée, et quelle mort ! Vous n'avez
qu'à lire cette histoire[1]. L'on veut qu'une religion
subsistant par un miracle continuel, et dans son
établissement et sa durée, ne soit qu'une imagination
des hommes ! Les hommes ne pensent point ainsi.
Lisez saint Augustin dans *La Vérité de la Religion* ;
lisez l'Abbadie[2] bien différent de ce grand saint, mais
très digne de lui être comparé, quand il parle de la
religion chrétienne (demandez à l'abbé de Polignac[3]
s'il estime ce livre). Ramassez donc toutes ces idées,
et ne jugez point si frivolement ; croyez que, quelque
manège qu'il y ait dans le conclave, c'est toujours le
Saint-Esprit qui fait le pape. Dieu fait tout ; il est le

1. L'*Histoire de l'Église* de Godeau, parue en cinq volumes de
1653 à 1678.
2. L'Abbadie, théologien protestant, auteur en 1684 d'un *Traité
de la vérité de la religion chrétienne*, utilisé aussi par les catholiques.
3. Cet abbé cultivé, plus tard cardinal, fera carrière dans la
diplomatie.

maître de tout. Et voici comme nous devrions penser (j'ai lu ceci en bon lieu) : « Quel trouble peut-il arriver à une personne qui sait que Dieu fait tout, et qui aime tout ce que Dieu fait ? » Voilà sur quoi je vous laisse, mon cher cousin. Adieu.

Commentaires

par

Jacqueline Duchêne

L'auteur et son temps

En 1652, un écrivain en vue, Gilles Ménage, dédie un de ses poèmes à Mme de Sévigné. C'est la première fois qu'on la loue publiquement. Elle est veuve depuis le 6 février de l'année précédente, lendemain de ses vingt-cinq ans. Un long prélude fait son éloge :

> Des ouvrages du ciel, le plus parfait ouvrage,
> Ornement de la cour, merveille de notre âge,
> Aimable Sévigné dont les charmes puissants
> Captivent la raison et maîtrisent les sens...

Ces vers ne sont pas bons. Ils rappellent un climat. Mme de Sévigné y a vécu. Ils ont le mérite d'esquisser son portrait de femme à la mode, capable d'attirer tous les cœurs après soi. Plusieurs auteurs imiteront Ménage et vanteront sa beauté et son intelligence. Aucun ne souligne particulièrement ses mérites épistolaires. Elle sera célèbre en son temps pour ses qualités de femme du monde, non pour ses dons d'écrivain.

Les portraits littéraires étaient en vogue. Mme de Sévigné figure en 1657 dans un des volumes de *Clélie*, long roman de Mlle de Scudéry. Elle figure aussi en 1659 parmi les cinquante-neuf personnalités choisies par Mlle de Montpensier, cousine germaine de Louis XIV, pour enrichir son recueil de *Divers Portraits*. C'est son amie, Mme de La Fayette, qui l'a peinte. En 1665, elle figurera dans le livre que son cousin Bussy-Rabutin avait écrit quelques années plus tôt pour rapporter, sur le mode satirique, l'*Histoire amoureuse des Gaules*, c'est-à-dire de la France, au moment où le jeune Louis XIV vient de prendre le pouvoir après la mort de Mazarin, en 1661. Ces portraits montrent la notoriété de la marquise. Elle fait partie de ceux dont on parle. La Fontaine, dont elle a, en 1657, loué une épître en vers, prétend même que son poème lui doit « les trois quarts de sa gloire ». Elle jouira toute sa vie d'une réputation de femme d'esprit.

« On connaît, dès le premier instant qu'on la voit, dit Mlle de Scudéry, qu'il faut qu'elle soit de haute naissance, qu'elle ait passé toute sa vie dans le monde, qu'elle a de la gaieté dans l'esprit et même de l'air à la danse. » Cette bonne impression embellit la réalité. Marie de Rabutin-Chantal, marquise de Sévigné, appartient effectivement par son père à la plus ancienne noblesse d'épée. « Demoiselle de Bourgogne », où elle tient de ses aïeux la terre et le château de Bourbilly, elle est d'une maison dont « on ne voit point la source ». Mayeul de Rabutin, le premier ancêtre connu, vivait « il y a cinq cents ans », dit-elle, et c'était « un fort grand seigneur ». Son père n'ayant pas eu de fils, elle était la dernière de la branche aînée. Mais sa race continuait par son cousin Roger de Bussy-Rabutin, qui descendait comme elle de Christophe, leur quatrième aïeul.

La noblesse n'était pas la même du côté de sa mère, Marie de Coulanges. Venue d'Auvergne, la famille s'était établie à Paris où elle s'était enrichie dans les affaires. Philippe, grand-père de la future marquise,

faisait partie de ces financiers et partisans que mépri-
saient les nobles de race. Fort endetté, Celse-Bénigne
de Rabutin avait épousé sa fille pour sa dot et ses
espérances d'héritage. En 1627, il était mort glorieu-
sement à la guerre en combattant les Anglais à l'île de
Ré. Marie de Rabutin, qui avait un an, resta chez ses
grands-parents maternels, qui habitaient un bel hôtel
de l'actuelle place des Vosges. Elle y resta encore après
la mort de sa mère en 1633. Elle y fut élevée par son
grand-père, puis par un de ses oncles, parmi une
troupe de cousins et de cousines. Elle dut aux Coulanges d'être une orpheline heureuse. Mais elle leur
dut aussi des sentiments et des comportements de
bourgeoise autant que d'aristocrate.

Son mariage, il est vrai, la rapprocha de ses origines
paternelles. Elle épousa en 1644 Henri de Sévigné, qui
avait trois ans de plus qu'elle. C'était un orphelin
breton dont les aïeux pouvaient étaler « trois cent
cinquante ans de chevalerie ». Il possédait en Bretagne
un ensemble de très belles terres, dont la plus petite,
aujourd'hui Cesson-Sévigné, près de Rennes, avait
donné son nom à sa famille. Ce n'était pas un
marquisat, et la nouvelle mariée aurait dû, en bonne
règle, s'appeler baronne. Mais la mode était aux
marquis. Marie de Rabutin, fille du baron de Chantal,
épousa donc le baron de Sévigné pour devenir, avec
la complicité du public, souverain en ce domaine, la
marquise de Sévigné, laissant à la postérité le nom de
son mari et un titre usurpé.

Henri était un beau et séduisant jeune homme,
aimant follement la vie et les plaisirs. Cela ne déplai-
sait pas à sa femme, gaie et même guillerette. Ils
s'amusaient et dépensaient beaucoup. Ils avaient un
beau logement bien meublé, à Paris, rue des Lions.
C'est là qu'en 1646, le 10 octobre, leur naquit une
fille, Françoise-Marguerite, la future Mme de Grignan

à qui s'adressent la plupart des lettres conservées. Sans
doute par raison d'économie, les époux faisaient de
longs séjours dans leurs terres de Bretagne. Bussy,
dans une lettre adressée à tous les deux, les a dépeints
heureux, menant dans leur château des Rochers, près
de Vitré, la paisible existence des gentilshommes
campagnards. Leur fils Charles est né là, le 12 mars
1648.

Henri songe à se fixer en Bretagne. En juin 1650,
avec la caution de sa femme, il achète la charge de
gouverneur de Fougères. En juillet, la marquise, en
compagnie de deux de ses amies, se voit fermer la
porte d'un grand seigneur, le comte d'Harcourt. Il les
trouve de mauvaise fréquentation, craignant qu'elles
ne donnent de mauvais exemples chez lui. Cela fait
un petit scandale. Mieux vaut donc se faire oublier un
moment. On résilie le bail de la demeure parisienne.
On s'en va en Bretagne. Mme de Sévigné semble
perdue pour Paris.

Sa situation est d'autant plus critique que la mésen-
tente s'est glissée entre les époux. Henri a plu à la
célèbre Ninon de Lenclos. Elle en a fait un de ses
« caprices » pendant six mois. Il a pris goût, près
d'elle, au métier de séducteur de femmes faciles. Il est
l'amant de Mme de Gondran, « la belle Lolo ». Il se
querelle à son sujet avec Miossens, chevalier d'Albret.
Il a toujours aimé les duels, signe de bravoure. L'un
d'eux, dont il avait failli mourir, avait même obligé à
retarder son mariage. Le 4 février 1651, il se bat donc
avec Miossens, qui le blesse mortellement. Mme de
Sévigné en apprendra la nouvelle aux Rochers quelques
jours plus tard. Elle en manifeste, selon Bussy, plus de
chagrin qu'elle n'en ressentait.

Un mois plus tard, le 7 mars, elle signe le bail d'une
maison, rue du Temple. Elle pourra l'occuper à partir
de Pâques. Elle est de nouveau parisienne. Pendant

les années à venir, elle ne retournera en Bretagne que pour veiller à la gestion des terres de ses enfants, dont elle est la tutrice. A son rythme et beaucoup moins souvent que pendant les sept années de son mariage. Durant tout ce temps-là, elle est loin de s'être constamment montrée l'« ornement de la cour » selon l'expression de Ménage, et elle n'a pas non plus « passé toute sa vie dans le monde », comme l'écrit Mlle de Scudéry. Mais elle y a une brillante réputation, et c'est l'essentiel.

Le veuvage n'entraîne pas pour elle de retraite, bien au contraire. En octobre 1652, le roi rentre à Paris, bientôt suivi de Mazarin. La guerre civile de la Fronde est finie. Jamais vraiment interrompue, quoique perturbée, la vie mondaine peut reprendre tout son éclat. C'est alors que, pendant une dizaine d'années, Mme de Sévigné sera au sommet de sa gloire. Gloire toute mondaine, due à sa beauté et à son esprit. Gloire dont elle brille chez ceux qu'elle fréquente, comme lès du Plessis-Guénégaud à l'hôtel de Nevers ou à Fresnes, et non gloire attirant les autres chez elle. Elle n'a jamais tenu salon. Elle ne reçoit guère à domicile. Elle est toujours tournée vers l'extérieur.

Mme de Sévigné est belle. Elle a des yeux bleus, « petits et brillants » selon Bussy, un peu « bigarrés », et le nez « carré par le bout ». Même s'il « manque quelque chose à la régularité de ses traits », dit Mme de La Fayette, on ne s'en aperçoit pas d'ordinaire. C'est une blonde plantureuse, au teint frais et à la mine vermeille, assez proche du modèle idéal du temps. Elle chante et danse bien. Elle a la taille moyenne et la démarche assurée des gens partout à l'aise. Elle plaît.

Elle plaît davantage à vrai dire si elle est animée par la conversation. Son charme physique provient surtout de son charme intellectuel. « Votre esprit, lui dit Mme de La Fayette, pare et embellit si fort votre personne qu'il n'y en a point au monde de si agréable... Le brillant de votre esprit donne un si grand éclat à votre teint que, quoiqu'il semble que l'esprit ne dût toucher que les oreilles, il est pourtant certain que le vôtre éblouit les yeux. » L'attrait de Mme de Sévigné dépend de sa présence et de ses façons de faire. Sa séduction vient de son originalité surprenante, liée à ses dons intellectuels. C'est pourquoi on lui pardonne son irrégularité, y compris dans son excessive belle humeur. Elle aime la plaisanterie, même un peu grasse.

Elle aime plaire, aux hommes comme aux femmes, par pur et simple goût de la séduction. Mme de La Fayette et Mlle de Scudéry ont noté son attrait sur les femmes. Bussy a marqué son pouvoir sur les hommes. Tout le monde « file doux » pour elle, « depuis le sceptre jusqu'à la houlette ». Parce qu'elle aime l'encens, « elle sème afin de recueillir ». Cela l'entraîne souvent à calquer ses sentiments et ses attitudes sur l'attente de son entourage, au risque de paraître hypocrite à certains. Dans un écrit satirique du temps intitulé « Les logements de la cour », on la place « Au Caméléon ». Elle sait parfaitement s'adapter à ceux qui l'entourent, grand agrément pour la vie en société et pour le charme de la conversation. Cela explique son succès dans le monde.

Elle n'a pas de charge à la cour, et n'y réside pas habituellement. Sans doute l'a-t-elle regretté. Pour le moment, on dit que Foucquet, le fastueux surintendant, soupire pour elle. Il la reçoit familièrement à Vaux. C'est là que La Fontaine l'a rencontrée. Elle y fréquente beaucoup d'autres écrivains et artistes en vue : soucieux de son image, le maître des lieux se comporte en mécène, les attirant autour de lui et les subventionnant largement. Chez Foucquet comme à Fresnes, Mme de Sévigné baigne dans une atmosphère privilégiée. Elle appartient au meilleur monde et s'ouvre à tout ce qui se fait alors de mieux dans le domaine des lettres et des arts. Louis XIV en sera jaloux, qui voudra, après l'arrestation de son ministre, en septembre 1661, que sa cour soit désormais le centre unique, y compris du domaine de l'esprit.

Mme de Sévigné a raconté le procès du ministre, en 1664, dans des lettres à Pomponne, un ami commun. Elle y montre sa fidélité et même un peu plus envers l'accusé, qui devra la vie à l'un des rapporteurs de son procès, Olivier d'Ormesson. C'était le fils d'une sœur de la tante qui l'avait élevée. On condamna l'ancien surintendant au bannissement. Louis XIV prit prétexte des secrets d'État dont il était informé pour commuer sa peine en prison à vie. La marquise en est révoltée. Mais on ne peut bouder la cour, désormais centre de toutes les faveurs, et Mme de Sévigné la fréquente d'autant plus en ce temps-là qu'elle doit songer à marier sa fille.

Autour du jeune roi, c'était le temps des fêtes et des plaisirs. Molière les organise pour lui comme il en avait organisé pour Foucquet. En mai 1664, à Versailles, *Les Plaisirs de l'Ile enchantée* comportent courses de bagues, ballets, comédies, feux d'artifice, repas servis en cérémonie comme des spectacles. De 1663 à 1665, entre dix-sept et dix-neuf ans, Françoise-Marguerite, qu'on appelait volontiers « la plus jolie fille de France », brille dans les ballets. Elle y danse aux côtés de Mlles de La Vallière et de Mortemart, dont la seconde deviendra marquise de Montespan. Toutes deux sont ou seront les maîtresses du roi. Certains se demandent si « la belle lionne » ne va pas le devenir aussi.

Mlle de Sévigné dut en prendre ombrage. La Fontaine lui reprochera bientôt, dans la dédicace du « Lion amoureux », son insensibilité aux amours de galanterie

(« vous qui naquîtes toute belle, à votre indifférence près »). On ne la voit plus danser dans les ballets de cour après 1666. Tout le monde se rappelle alors que sa famille n'est pas en faveur. Le cardinal de Retz, traditionnel protecteur des Sévigné, est en exil depuis son évasion du château de Nantes où il avait été emprisonné pour sa conduite séditieuse pendant la Fronde. L'ami Foucquet est enfermé à Pignerol. Bussy, le chef de famille masculin des Rabutin, vient en 1665 d'être enfermé à la Bastille pour son *Histoire amoureuse des Gaules* où il a malmené de grands noms et même, prétend-on, le roi. Il n'en sortira que pour un exil qui durera jusqu'en 1682. Rien de plus fragile et de plus incertain que la situation des femmes sans appuis.

Mme de Sévigné et sa fille en font l'expérience. Malgré sa beauté et l'importance de sa dot (trois cent mille livres), Françoise-Marguerite a du mal à trouver un mari. Ce sera François de Grignan. Le marché est conclu le 6 octobre 1668 par un accord préliminaire secret, signé seulement de sept personnes : les deux futurs, ceux qui ont fait le mariage, ceux qui vont fournir la dot. Le rang et les affaires sont, en ce temps-là, inséparables des alliances. Brancas, un ami des deux familles qui avait proposé celle-là, reconnaît sans fard, dans un préambule aujourd'hui surprenant, que le sentiment dépend de l'argent... « M. de Grignan, écrit-il, ayant toute l'estime imaginable pour Mlle de Sévigné et désirant passionnément de l'épouser, s'il se rencontre assez de bien pour être heureux, m'a choisi comme un de ses meilleurs amis pour me confier le secret de son cœur et pour savoir son bien et les intentions de madame sa mère sur les siennes. » Le mariage est une affaire de famille, qui se décide collectivement et où l'amour ne doit intervenir qu'en accord avec le portefeuille.

Cela n'empêchait pas toujours les époux de s'aimer. Françoise-Marguerite de Sévigné aima François de Grignan. On les maria à Saint-Nicolas-des-Champs le 29 janvier 1669. Elle avait vingt-deux ans et lui trente-six. Il avait été deux fois veuf. On pouvait, comme Bussy, plaisanter ce parti, qui « usait autant de femmes que de carrosses ». Mme de Sévigné préféra considérer que ses précédentes unions élargissaient le champ de son crédit.

La maison des Adhémar de Monteil, dont Mlle de Sévigné épousait le chef, se vantait de remonter au-delà des croisades. Le marié avait un oncle archevêque d'Arles, un autre évêque et comte d'Uzès, des frères dans l'Église et dans l'armée. Après avoir été colonel d'un beau régiment, il exerçait lui-même la charge de lieutenant général en Languedoc. Pour Françoise-Marguerite, fille d'une orpheline et d'un orphelin tous deux enfants uniques, c'en était fini d'un certain isolement familial.

Le comte avait de belles terres en Provence, près de Montélimar, à Grignan, qui lui avait donné son nom et où il possédait un magnifique château. Il en avait d'autres en Languedoc, le long de la rive droite du Rhône. Il en avait en bordure des Alpes du sud, près de Castellane. Il en avait sur le terroir marseillais. Tout cela donnait un très beau revenu, cinquante mille livres environ, plus de deux fois celui des terres des Sévigné. On ne savait pas encore, ou on avait fait mine de ne pas savoir afin de conclure le mariage à tout prix, que ce patrimoine était grevé de charges provenant des aïeux du comte, de ses devoirs d'aîné envers ses frères et sœurs, des dots de ses précédentes femmes à rembourser, des emprunts qu'il avait conclus dans l'intérêt de sa carrière. Dès ce temps-là, les intérêts des dettes égalaient quasiment les revenus. La ruine était inscrite dans les chiffres. Mme de Grignan passera sa vie à reculer l'échéance et y laissera sa propre fortune.

Pour le moment, tout allait bien, le marié ayant remboursé sur la dot de sa nouvelle femme les créanciers les plus pressants. Mme de Sévigné était heureuse. Sa fille restait près d'elle. Il y avait en Languedoc un gouverneur et trois lieutenants. Son gendre n'était pas obligé à résidence. On loua même à frais communs, le 21 mars 1669, trois mois après le mariage, un bel hôtel rue de Thorigny. Les Grignan y occupaient l'étage noble, le premier, et Mme de Sévigné et son fils, qui n'était pas encore marié, le second. On alla tous ensemble passer l'été à Livry où Christophe de Coulanges, oncle de Mme de Sévigné, et abbé du lieu, disposait d'une maison suffisamment vaste pour accueillir toute la famille. La comtesse attendait un enfant, à coup sûr le garçon que souhaitait son mari, déjà pourvu de deux filles.

Ce fut en effet un garçon. Mais il ne vécut que quatre heures : la comtesse avait fait une fausse couche. On incrimina un de ses beaux-frères, le chevalier Charles-Philippe de Grignan, qui l'effraya en tombant de cheval sous ses yeux. Cette peur n'aurait pas eu tant d'effet si la jeune femme n'avait été alors fortement perturbée pour une autre raison. Elle venait juste d'apprendre que son mari était nommé lieutenant général en Provence. C'était une très belle promotion. Il n'y avait dans ce pays qu'un lieutenant général et non plusieurs comme en Languedoc. Comme Vendôme, le gouverneur en titre, était un enfant de quatorze ans, il en ferait toutes les fonctions et en aurait tous les honneurs. Le gendre de Mme de Sévigné devenait en fait le seul commandant pour le roi dans l'une des plus importantes provinces de France. C'était de surcroît son pays. A l'autorité de sa charge s'ajoutait le prestige de son nom. Il y avait de quoi être fier et

Mme de Sévigné et son temps

Histoire

1638 Naissance de Louis XIV.

1648-1652 La Fronde.

1653 Foucquet, surintendant des finances.

1661 Mort de Mazarin. Arrestation de Foucquet à Nantes.

1664 Condamnation de Foucquet (20 décembre).

1672 Guerre de Hollande et passage du Rhin.

1674 Victoire de Condé à Seneffe.

1675 Campagne d'Alsace. Mort de Turenne.

1678-1679 Traités de Nimègue.

1683 Mort de Colbert.

1684 Trêve de Ratisbonne.

1685 Révocation de l'Édit de Nantes.

1686 Mort de Condé.

1688 Début de la guerre de la ligue d'Augsbourg. Jacques II d'Angleterre détrôné par Guillaume d'Orange.

1694 Victoire de Neerwinden.

1715 Mort de Louis XIV.

Littérature

1636 Corneille, *Le Cid*.

1639 Naissance de Racine.

1643 Jeanne de Chantal, *Épîtres spirituelles*.

1650 Publication des *Lettres* de Voiture.

1656 Balzac, *Lettres familières* à Chapelain. Pascal, *Les Lettres provinciales*.

1659 Molière, *Les Précieuses ridicules*.

1667 Racine, *Andromaque*.

1668 La Fontaine, 1er recueil de *Fables*.

1673 Mort de Molière.

1674 Boileau, *Art poétique*.

1677 Racine, *Phèdre*.

1678 Mme de La Fayette, *La Princesse de Clèves*.

1679 Racine, *Esther*.

1680 Mort de La Rochefoucauld.

1684 Mort de Corneille.

1695 Mort de La Fontaine.

1699 Mort de Racine.

heureux. Grignan le fut. Il conserva son commandement jusqu'à sa mort, en décembre 1714.

Mais puisqu'il était seul, il allait devoir l'exercer personnellement, et par conséquent résider. Il lui fallait quitter Paris, et il entendait avoir sa femme auprès de lui. La comtesse était bouleversée de devoir annoncer cette nouvelle à sa mère. Elle savait à quel point l'idée de la séparation lui serait insupportable. D'où la fausse couche du 4 novembre 1669, trois semaines seulement avant la nomination officielle de son mari, le 29.

Heureusement pour la marquise, le comte dut accomplir maint préparatif avant d'aller s'établir pour longtemps loin de la capitale. Il ne partit qu'à la mi-avril de l'année suivante. Françoise-Marguerite était de nouveau enceinte. Il accepta de ne pas compromettre la naissance à venir par un long voyage. Il laissa sa femme à Paris. Une fille, Marie-Blanche, naquit le 15 novembre 1670. On laissa encore passer quelques mois. Mais Grignan réclamait sa femme et la comtesse était impatiente de partir. Elle quitta Paris en plein hiver, après une série de pluies diluviennes, le 4 février 1671. En voyant le carrosse partir, Mme de Sévigné pensa se jeter par la fenêtre.

C'était juste le vingtième anniversaire du duel où son mari avait été blessé mortellement, la veille du jour de ses quarante-cinq ans. Elle est incapable d'écrire. Puis le 6 février, vingt ans jour pour jour après la mort d'Henri de Sévigné, elle prend sa plume. « Ma douleur serait bien médiocre si je pouvais vous la dépeindre ; je ne l'entreprendrai pas aussi... » Elle l'a cependant entrepris, pour soulager sa peine et rester en contact avec l'absente. Un écrivain est en train de naître. Mme de Sévigné ne le sait pas. Elle ignore qu'avec la lettre qu'elle écrit, les yeux pleins de larmes et le souffle coupé, commence ce que nous appelons son œuvre. Jour après jour, semaine après semaine, elle va continuer à écrire pour dialoguer avec sa fille, sans savoir qu'elle dialogue aussi avec les lecteurs d'aujourd'hui.

L'originalité de l'œuvre

De la lettre des doctes à la lettre galante

En 1624, Guez de Balzac publie un recueil de ses *Lettres*, qui connut un immense succès. L'année suivante, il en donne une seconde édition, augmentée, puis une seconde partie en 1636. Elles lui valent une solide réputation d'éloquence. Il les avait rédigées soigneusement et à loisir avant de les envoyer à des destinataires choisis. Puis il les a minutieusement revues et corrigées avant de les livrer à l'impression. Le fond n'est pas moins important pour lui que la forme. Il écrit pour prendre parti sur tout ce qui intéressait son temps. Il attend de son œuvre gloire littéraire, estime de ses contemporains et même récompense de la cour. La lettre est pour lui un genre littéraire, qu'il pratique comme la dissertation ou le dialogue.

Il a conscience, en publiant ses lettres, de s'inscrire dans une tradition. En 1549, Joachim du Bellay avait écrit la *Défense et illustration de la langue française* pour expliquer, au nom de la Pléiade, que les Français devaient transplanter chez eux, dans leur propre langue, les genres dont les Anciens avaient laissé des modèles inégalés. S'intéressant surtout à la poésie, l'auteur n'avait pas parlé de la lettre. Mais tout le monde savait bien que Cicéron et Pline en avaient donné des exemples et que les théoriciens en avaient depuis codifié et classé les diverses catégories. L'Italie · et l'Espagne pouvaient se flatter de leurs recueils de textes épistolaires travaillés selon les règles et à l'imitation des Anciens. Ceux qui voulaient enrichir la France des dépouilles de l'Antiquité n'avaient qu'à publier des lettres s'inscrivant dans cette tradition.

Du Tronchet, secrétaire de la reine mère Catherine de Médicis, se chargea le premier de l'entreprise. En 1569, cet homme aujourd'hui bien obscur publia un recueil de *Lettres missives et familières*, qui fut bien accueilli du public. On le réimprima plusieurs fois, modifié et augmenté, jusqu'en 1615 au moins. L'auteur s'enorgueillit dans sa préface d'avoir osé le premier suivre l'exemple « des Grecs et des Latins anciens, et mêmement des Italiens ». Il ne se cache pas d'en avoir pillé les « recueils et trésors inestimables ». Il avait fait œuvre de docte. Son livre fixa pour longtemps le modèle de ce que seront les lettres relevant du genre épistolaire. Leur authenticité y a beaucoup moins d'importance que le travail des textes et leur perfection formelle.

Balzac s'inscrit dans cette lignée. Il se soucie principalement de l'ordre des mots et de l'harmonie de sa phrase. Unanimement admirée, son éloquence consacrait la lettre comme genre littéraire. Mais elle en fit aussi une œuvre d'art, sans rapport avec les lettres spontanément écrites pour les besoins de la vie quotidienne.

A cette éloquence trop appuyée, on opposera bientôt le style de Voiture. Le succès des lettres des doctes n'empêche en effet pas la vogue de la lettre galante. La qualité de l'expression et la richesse de la pensée ne suffisent pas quand on s'adresse à des mondains. Il faut leur plaire. Il faut donc également les divertir. A la qualité de la forme, on doit ajouter l'agrément de l'esprit. Voiture invente la galanterie, c'est-à-dire l'art de tout traiter sur le mode plaisant, même les sujets les plus sérieux. L'éloquence y perd toute gravité. La lettre devient un badinage avec le destinataire, sous le regard amusé des témoins à qui il se plaît à la montrer.

Ce n'est pas que Voiture n'ait pas soigné son style. En publiant ses lettres, son neveu Pinchêne invite, dans une préface, les lecteurs à y voir « le vrai modèle des pensées raisonnables et de la pureté de notre langue ». Il veut marquer la continuité de l'œuvre qu'il présente avec celles de Balzac et de du Tronchet. Mais il insiste aussi sur la familiarité et le « naturel » de l'expression, et sur le caractère privé des lettres de son oncle. A la différence de Balzac, Voiture ne les a en effet pas données lui-même à l'impression. Elles sont parues en 1650, deux ans après sa mort.

A la lettre des doctes à la manière de Balzac, directement accessible au public comme le serait un poème ou une tragédie, s'oppose donc la lettre mondaine, qui ne doit quasi rien à la précédente. Elle ne cherche pas à doter la France des richesses d'un nouveau genre littéraire, mais à prolonger par écrit les plaisirs de la vie de société. Du vivant de Voiture, elle les prolongeait pendant ses absences. Elle les prolonge après sa mort grâce à l'impression. Ses amis y retrouvent l'image du temps perdu.

Lettre travaillée et lettre montrée, la lettre mondaine à la Voiture paraît d'abord relever du genre épistolaire, comme celle des doctes. Mais elle n'emprunte à la tradition littéraire que les moyens de plaire à quelques-uns. Écrite pour une société choisie, elle n'est pas immédiatement limpide à tout le monde. On pouvait la montrer et l'admirer quand on était entre soi. On l'expose à être incomprise dans sa forme comme dans son fond en la plaçant sous des regards étrangers. L'épistolier et le destinataire (le *je* qui écrit la lettre et le *vous*, au besoin collectif, qui la lit) y occupent une juste place, qu'ils n'avaient pas dans les lettres à la Balzac.

Mme de Sévigné ne fait évidemment pas partie des doctes. Elle a reçu au foyer des Coulanges une éducation toute moderne, à base de conversation et de lecture. Elle ne sait pas le latin, mais elle a appris l'italien. Elle ignore les traités théoriques et les classifications savantes. Elle n'aurait pas l'idée de rivaliser avec Balzac, dont elle n'a sans doute pas lu les lettres, encore moins avec ses prédécesseurs, dont elle ignore jusqu'aux noms. Elle n'est pas éloquente et ne se soucie pas de l'être.

Mais elle a de l'esprit. Comme Voiture, elle a (quelquefois) écrit des lettres galantes. Mais Voiture n'est pas son modèle. Grande dame, elle n'a pas à séduire les grands pour en être acceptée : elle est de leur monde. Si elle écrit en badinant, elle prend modèle dans sa famille. Bussy, qui est son aîné, s'est acquis une solide réputation de bien écrire. C'est lui l'épistolier en vue. Il souhaite un jour longue vie à sa cousine parce qu'elle est la seule avec laquelle il se trouve spontanément accordé. Il sait le prix de leur *rabutinage*. Mais il y tient le premier rôle. La marquise est son faire-valoir. Elle s'en contente. Ce n'est pas si mal d'être la correspondante préférée d'un Bussy. Ce commerce l'amuse. Il n'a pour elle rien d'essentiel.

Aux lettres des doctes et aux lettres galantes, qui ensemble relèvent à des degrés différents des jeux de la littérature, s'opposent les montagnes de lettres écrites spontanément par deux personnes que le destin a séparées. Quasi inexistante dans les premières, réduite au personnage social dans les secondes, la personne des deux correspondants, épistolier et destinataire, occupe dans les autres la place essentielle. « Je vous écris », dit Mme de Sévigné à sa fille, sans se soucier de préciser ce qu'elle écrit ni comment elle l'écrit. Ce souci ne vient qu'après. Le contenu est moins important que le besoin de communication.

Une mutation importante s'opère sur ce point au milieu du XVIIe siècle. La poste devient régulière, mettant à la disposition de tous ceux qui savent écrire, au sens élémentaire du terme, un instrument rapide et à peu près sûr de transmission de leurs textes. Elle était jusque-là réservée aux lettres officielles, et au début du XVIIe siècle encore, les particuliers devaient se contenter des occasions qui se présentaient, ou des messagers qui acheminaient les lettres sans régularité ni rapidité. L'ouverture au public de la poste royale (1603) et surtout l'organisation progressive d'une poste aux lettres régulière changent totalement les conditions de la production épistolaire. La lettre n'est certes pas encore accessible à tout le monde, car beaucoup de gens ne savent pas matériellement écrire, et le port coûte relativement cher (le prix d'un livre de poche aujourd'hui pour une lettre un peu grosse et à longue distance comme les écrivait Mme de Sévigné). Mais elle est à la portée de l'élite sociale et intellectuelle du temps qui peut désormais envoyer des lettres dont le but n'est ni de doter la France d'une littérature épistolaire digne des Anciens ni de prolonger par écrit des jeux de société, mais tout simplement de dire, aussi simplement que possible, ce qu'elle a besoin ou envie de dire.

Dans son malheur (le départ de sa fille) Mme de Sévigné eut la chance de profiter d'une situation toute récente. La nomination de Louvois comme surintendant des postes, le 24 décembre 1668, coïncide presque exactement avec la date du mariage de la comtesse. On peut désormais écrire à coup sûr des lettres qui arrivent régulièrement à destination.

Mme de Sévigné et la poste

On n'a pas une seule ligne de Mme de Sévigné soigneusement arrangée pour le seul plaisir d'écrire. Elle n'a pas été tentée par le roman ou la nouvelle comme son amie Mme de La Fayette. Elle n'a jamais écrit au sens littéraire du terme. Elle a écrit des lettres et rien que des lettres. Des lettres envoyées par la poste. C'est sa première originalité.

Encore n'a-t-elle pas écrit pareillement à tous ses correspondants. Sa fille est la seule à laquelle elle écrit préférablement à tout. « J'aime à vous écrire », lui dit-elle dans une formule maintes fois reprise. Le *vous* y est essentiel. Il détache la comtesse de la foule pour en faire *la* destinataire privilégiée. Aux autres, précise-t-elle, « on voudrait avoir écrit ». A sa fille, non. A la corvée des lettres à écrire s'oppose le plaisir de lui parler par lettres.

« C'est un plaisir bien douloureux », puisqu'il suppose l'absence. Plaisir de compensation et rien de plus. L'œuvre de Mme de Sévigné dépend absolument de la séparation. C'est sa deuxième originalité. Si sa fille est près d'elle, elle n'éprouve pas du tout la démangeaison d'écrire. Quand la comtesse est loin d'elle, elle lui écrit des pages et des pages. Quand elle se trouve près d'elle, elle n'allonge pas d'une ligne ce qu'elle envoie à ses autres correspondants.

Avant la grande séparation, elle n'avait jamais écrit qu'au hasard des circonstances et de son humeur. La nouveauté, désormais, c'est qu'elle écrit régulièrement, ne laissant jamais partir un courrier pour la Provence sans lui confier une lettre.

Le destin lui a fait un cadeau. Elle peut écrire deux fois par semaine. L'implantation des maisons de poste, nécessaires aux relais des chevaux, ne s'est pas développée avant 1640-1647. Pour la Provence, le premier courrier régulier (« l'ordinaire ») ne date que de 1644. Il partait de Paris chaque vendredi. Mme de Sévigné eut la chance qu'on en créa un second peu avant le départ de la comtesse. Il s'en allait le mercredi. En 1672, les jours des départs furent fixés au lundi et au vendredi. Puis on revint au mercredi et au vendredi. A partir de 1683, il y aura trois courriers, les lundi, mercredi et vendredi. La marquise se réjouira de pouvoir écrire trois fois au lieu de deux. Aux Rochers, elle dépend de la poste de Vitré et le rythme change. Le courrier part deux fois par semaine, le mercredi et le dimanche. Ces dates resteront invariables.

L'œuvre de Mme de Sévigné s'inscrit à la rencontre d'une liberté et d'une contrainte. Elle a choisi d'écrire régulièrement, mais elle n'a pas choisi elle-même le rythme de sa régularité. Son écriture n'est pas libre comme celle du romancier ou du poète. Elle dépend des dates fixées par l'administration postale et communiquées au public à l'aide d'affiches, qui donnent aussi le prix des envois, proportionnel au poids et à la distance. Mme de Sévigné se plie à cette structure, qui conditionne aussi les réponses de sa fille.

Car elle n'écrit pas gratuitement. Elle écrit dans l'espoir que celle-ci tiendra sa promesse de lui répondre. « *Vos* lettres sont ma vie », lui déclare-t-elle. Elle ne dit pas *mes* lettres. Mme de Sévigné n'a pas écrit pour écrire, mais pour qu'on lui écrive. Pas plus que sa mère, Mme de Grignan ne laissera partir un courrier sans lui confier une de ses lettres.

A l'inverse de celles de sa mère, en majeure partie conservées, il n'en subsiste absolument aucune. On n'entend donc directement qu'une des deux voix du dialogue. Mais il suffit de prêter l'oreille pour distinguer l'écho de l'autre.

Mme de Sévigné se plaît à reprendre des expressions de sa fille, qu'on a tendance à lui attribuer. Surtout,

elle ne se cache pas d'écrire longuement en réponse à
sa correspondante, marquant clairement ces passages
d'une suite de « vous me dites que », ou autres
expressions analogues.

Le dialogue avec Mme de Grignan est si important
pour l'épistolière que la structure de ses lettres en est
constamment le résultat. « Je reçois le lundi une de
vos lettres, explique-t-elle par exemple le 11 mars
1672. J'y fais un commencement de réponse à la
chaude. Le mardi, s'il y a quelque affaire ou quelque
nouvelle, je reprends ma lettre et je vous mande ce
que j'en sais. Le mercredi, je reçois encore une lettre
de vous ; j'y fais réponse et je finis par là. » Mme de
Sévigné a conscience d'organiser ses lettres autour de
celles de sa fille, beaucoup plus inspirée quand elle lui
répond que lorsqu'elle écrit, « sur la pointe d'une
aiguille », des lettres sur « ce qui se présente sous sa
plume », plus courtes de moitié et parfois même du
tiers. Elle aime le dialogue, qui lui permet de se placer
à côté de sa correspondante et de lui parler du monde
qui l'entoure autant et plus que du sien propre.

Les lettres dépendent des lieux où elles sont écrites.
L'arrivée à Paris de deux lettres successives entraîne,
avant le départ de la poste du mercredi, des sortes de
lettres-journal, rédigées en plusieurs temps. En Bretagne au contraire, où l'épistolière a plus de temps
libre, elle attend habituellement l'arrivée de ses deux
lettres, le vendredi, pour y répondre en une seule fois
le samedi ou le dimanche. Dans tous les cas, sa façon
d'écrire ne dépend ni de son caprice ni de son
inspiration. Elle est déterminée par la façon dont elle
réagit aux servitudes et aux services de la poste.

Contrairement à ce qu'on affirme souvent, écrire
n'est donc pas pour Mme de Sévigné un exercice de
style fait à loisir, pour le plaisir de tenir la gazette de
son temps. L'originalité de ses lettres tient au contraire

à leur ancrage dans la réalité vécue. Présent dès l'origine de l'œuvre (le départ de Mme de Grignan), le hasard y intervient sans cesse dans le contenu de la lettre reçue qui détermine l'humeur de l'épistolière et oriente le choix des sujets qu'elle retient, dans le retard d'un courrier qui l'inquiète et l'empêche de dire cette fois-là autre chose que son chagrin, dans le lieu d'où elle écrit, qui modifie la structure de l'échange.

Il en va de même pour le style. Mme de Sévigné n'écrit pas toujours dans les mêmes conditions. Elle commence quelquefois sa lettre à loisir, et peut alors prendre son temps. « Me voici à la joie de mon cœur, toute seule dans ma chambre à vous écrire paisiblement, déclare-t-elle par exemple le 13 mars 1671. Rien ne m'est si agréable que cet état. » Elle peut alors veiller à la qualité de l'expression. Mais elle écrit souvent dans la hâte, juste avant le départ du courrier, quelquefois chez des amis, dans le bruit des conversations de ceux qui l'entourent. Et elle déteste s'appliquer. Presque toujours, elle écrit au fil de la plume, au galop (« à bride abattue », dit-elle), souvent sans se relire et toujours sans se corriger. Sa « plume est libertine », dit-elle encore pour définir sa façon d'écrire, libre de toute contrainte extérieure. Elle s'adresse à sa fille, non à un public de puristes et de doctes qui relèveraient ses audaces de style, voire ses incorrections. Elle est libre jusque dans sa ponctuation et son orthographe, que l'on doit rétablir pour l'impression.

En plein siècle classique, à l'heure où triomphent les règles et l'imitation des Anciens au sein de genres littéraires codifiés, Mme de Sévigné écrit comme elle peut, comme elle sait, comme elle en a envie. C'est qu'elle n'écrit pas pour le public. Elle écrit pour elle, pour soulager sa douleur et rester en contact avec l'absente. Elle écrit surtout pour sa fille, pour continuer de dialoguer avec elle malgré la séparation. Elle a besoin de ses lettres de Provence, et elle écrit pour avoir des réponses. Si elle s'applique parfois, c'est pour plaire à sa correspondante et lui donner envie de continuer leur commerce. Elle se moque de tout autre lecteur.

A la différence du livre qui suppose un écrivain et des lecteurs, la lettre publiée suppose trois intervenants : l'auteur, le destinataire, le public. L'auteur épistolaire écrit ses lettres en se souciant du public éventuel plus que du destinataire prétendu. L'épistolier, à l'inverse, ne se soucie que du destinataire de son texte à l'exclusion de tout autre. Mme de Sévigné le fait d'autant plus et d'autant mieux qu'elle n'a jamais cru que ses lettres à sa fille pourraient être un jour divulguées. Parce qu'elle ne s'était pas encore produite, une telle éventualité lui aurait paru déplacée et invraisemblable. Ou pour mieux dire inconcevable. Ce n'est pas la moindre originalité de son œuvre que d'être la première correspondance de ce genre jamais publiée en France.

Analyse. Thèmes. Personnages

Analyse

A en juger par les correspondants mentionnés dans ce qui reste de sa correspondance, Mme de Sévigné semble avoir écrit à une cinquantaine de personnes en moyenne, se répartissant en trois tiers à peu près égaux : les parents, les amis, les relations occasionnelles. Il n'en subsiste que trois ensembles : une poussière d'épaves difficilement analysables (220 lettres à trente et un correspondants), les lettres à Bussy

(136 lettres), les lettres à Mme de Grignan (764 lettres conservées sur environ 900). Groupées sur un bref laps de temps, dix-sept des dix-neuf lettres à Pomponne, dans la première catégorie, offrent la particularité de traiter presque exclusivement du procès de Foucquet. Ce sont des « relations », comme on disait alors, nous dirions des reportages.

Bussy a conservé les lettres de Mme de Sévigné et ses propres réponses. On entend les deux voix du dialogue. Avant comme après le veuvage de sa cousine, il se plaît à lui conter fleurette tout en lui rapportant ses aventures galantes. Elle ne s'en offusque pas. En 1658, elle refuse de lui prêter l'argent dont il a besoin pour partir en campagne. Il s'en venge par un portrait satirique. Cela les brouille très gravement. En 1668, alors que Bussy a été exilé par le roi dans ses terres bourguignonnes, ils éclairciront leur procès dans des lettres pleines de verve et d'esprit. Puis Mme de Sévigné lui parle de sa malchance, de sa vie dans ses terres, de son affection pour sa fille, veuve aussitôt après avoir été mariée, de la guerre et du roi, dont Bussy veut entreprendre l'histoire, quelquefois de littérature. Dans ces lettres familières, les sujets ont moins d'importance que le ton, et la marquise aime cet échange où chacun se plaît à montrer qu'il a de l'esprit. Malgré son irrégularité, ce commerce qui s'étend de 1646 à 1693 reste l'expression d'un lien familial permanent et d'une étroite solidarité intellectuelle.

Pendant les vingt-cinq ans qui s'écoulent entre le premier départ de la comtesse, le 4 février 1671, et la mort de sa mère, en avril 1696, les séparations n'occupent que huit années. C'est dans cette brève durée que s'est constituée la correspondance à laquelle Mme de Sévigné doit sa gloire littéraire. Elle n'y forme pas une suite continue. Les lettres se groupent en

séries plus ou moins longues, entrecoupées de silences
dus aux retrouvailles. Nulle volonté de l'épistolière
n'a présidé à l'organisation de ces grandes masses.
Elles résultent de la succession des départs et des
retours de la comtesse, elle-même subordonnée aux
désirs de son mari dont les allées et venues dépen-
daient largement des exigences de son service en
Provence et des aléas de la paix et de la guerre. Le
hasard est à toutes les pages du chef-d'œuvre.

Il a parfois bien fait les choses, ouvrant dans l'œuvre
de grandes symétries que l'on pourrait croire volontaires. Les lettres s'organisent autour de huit séparations, dont les quatre plus longues, la première (février
1671-juillet 1672, dix-huit mois, 148 lettres), la troisième (mai 1675-décembre 1676, vingt mois, 159
lettres), la cinquième (septembre 1679-décembre 1680,
seize mois, 117 lettres), et la septième (octobre 1688-
octobre 1690, vingt-quatre mois, 193 lettres) comportent pareillement une partie parisienne et une partie
bretonne à peu près équivalentes. La deuxième séparation, très brève (octobre 1673-février 1674, quatre
mois, 38 lettres) fait suite à un premier séjour de
Mme de Sévigné en Provence, comme la huitième
(mars-mai 1694, trois mois, 6 lettres conservées seulement) s'inscrit avant le dernier retour de la marquise
en Provence, où elle mourra. Aux trois quarts de
l'œuvre, quasi à la moitié des vingt-cinq ans qui la
contiennent, la sixième séparation rompt le rythme :
de septembre 1684 à septembre 1685 (37 lettres
subsistantes seulement), Mme de Grignan demeure à
Paris. C'est sa mère qui la quitte pour aller en Bretagne
où elle doit une visite à son fils qui vient de s'y
marier. Au fil du temps, des situations semblables
entraînent le retour des mêmes thèmes, avec des
variations dues à la différence des circonstances.

Thèmes

Le premier dit la séparation, raison et fondement de la correspondance, avec son cortège de larmes et de désespoirs. Sur lui se greffe celui de l'espoir des retrouvailles, qui grandit à mesure qu'en approche le moment. Il se dédouble lors des départs pour la Bretagne : Mme de Sévigné les vit comme une nouvelle séparation, « une absence sur une absence ». Aux Rochers, elle mesure le temps qui passe à tout ce que sa fille n'y reconnaîtrait plus, qui s'accroît à chaque voyage. Les arbres poussent. Il y a de nouvelles allées. Puis son fils, qui y habite avec sa femme, y introduit des transformations. Et elle ne peut plus, après y avoir été malade d'un rhumatisme en 1676, y mépriser le « serein » pour s'y promener à la nuit tombante. Elle doit, comme une « poule mouillée », attendre la nuit au coin du feu.

Au thème de l'absence et du temps qui passe se mêle tout naturellement celui de la poste et de l'écriture. On n'en finirait pas d'énumérer tous les passages où Mme de Sévigné se montre attendant, recevant, lisant sa lettre ou se désespérant de ne l'avoir pas reçue. Elle n'hésite pas à dépeindre le postillon qui arrive tout crotté ou à citer ceux qui, tel son « petit Dubois », prennent soin de ses envois et des réexpéditions vers la Bretagne. Elle dit les jours de courriers et comment elle organise autour d'eux sa façon d'écrire. Elle commente la longueur ou la brièveté de ce qu'elle écrit, celles aussi de ce qu'elle reçoit. Elle invite la comtesse à lui donner beaucoup de ces détails qu'elle aime, et qui sont, affirme-t-elle, « le style de l'amitié ». Ou bien elle s'inquiète que l'écriture ne la fatigue, l'invitant à lui dire brièvement l'essentiel avant de passer la plume à l'une de ses dames de compagnie.

Ces développements sont la charpente de la correspondance.

L'âme en est l'amour maternel, un amour excessif et abusif, dont les lettres racontent l'histoire. Il en est le thème majeur, celui qui produit tous les autres. Mme de Sévigné écrit à sa fille pour lui dire qu'elle l'aime, et qu'elle veut être aimée en retour. Car le drame est là, constamment sous-jacent : la mère a toujours peur que la fille ne partage pas sa tendresse. Elle a peur d'une opposition de sentiments. Elle se trompe, car Mme de Grignan aussi l'aime beaucoup. Mais il y a entre elles une opposition de caractère. L'exubérante expansion de l'une s'accommode mal de la pudeur et de la retenue de l'autre.

Mme de Sévigné souhaitait faire de « la plus jolie fille de France » une autre elle-même, un double dans lequel elle se serait mirée et adorée. Elle était habituée aux hommages des hommes et à l'admiration des femmes. Tout le monde se réjouissait de la fréquenter, et chacun aurait voulu lui ressembler. Et voilà qu'une personne résistait à ses charmes et se tenait sur la réserve, celle-là même dont elle pensait avoir le plus facilement l'adhésion, sa propre fille. Comme il arrive alors, elle chercha passionnément à la séduire. Elle l'en irrita davantage. Françoise aimait sa mère, elle n'aimait pas la marquise de Sévigné. Et elle l'aimait au fond d'elle-même, détestant l'étaler et le dire à tout moment, comme la marquise l'aurait voulu.

On en est là quand commence la correspondance, « amour de fuite » chez la mère, tendresse non dite chez la fille. Les premières lettres apportent à la marquise une divine surprise : la comtesse lui écrit ce qu'elle se refusait à dire. « Vous aimez mieux m'écrire vos sentiments, constate-t-elle le 9 février 1671, dès sa seconde lettre, que vous n'aimez à me les dire. » Pourquoi donc lui a-t-elle jusqu'alors caché de si

« précieux trésors » ? Les aveux de tendresse qu'elle reçoit la ravissent. Ils la laissent aussi à demi incrédule. Ce bonheur durera-t-il, et, pour commencer, Mme de Grignan tiendra-t-elle sa promesse d'écrire régulièrement ? Ses lettres ne disent pas seulement l'amour. Elles apportent la preuve de sa sincérité. Or les tendresses que la comtesse écrit ne règlent pas tout. Mme de Sévigné sent bien que sa correspondante garde une certaine réserve par rapport à ses propres débordements. Elle voit aussi que sa fille a d'autres centres d'intérêt dans la vie que leurs lettres. Mme de Grignan aime son mari. Elle accepte des grossesses répétées afin de lui donner enfin un héritier mâle en novembre 1671, après la fausse couche de novembre 1669 et la fille de novembre 1670. Elle s'agace des conseils d'interrompre cette série que lui prodigue sa mère. Elle s'agace aussi de sa volonté arrêtée de la ramener à Paris le plus tôt possible. Elle veut rester près du comte et le seconder dans l'exercice de sa charge.

Aussi, quand Mme de Sévigné rend visite à la comtesse en Provence de juillet 1672 à octobre 1673, c'est l'échec. Elle retrouve une fille incapable de s'épancher oralement, une femme à la personnalité affirmée, qui s'épanouit dans ses fonctions d'épouse et de mère. Elle ne se laisse plus dicter sa conduite comme une enfant. La marquise rentrera sans elle à Paris, désespérée. La comtesse, qui a tenu bon, en sera culpabilisée. Toute sa vie, quand il faudra choisir, elle préférera au séjour à Paris avec sa mère les devoirs de Provence aux côtés de son mari, mais toute sa vie aussi, elle s'en pensera coupable.

Les lettres sont faites des orages et des accalmies de cette passion. Elle ne s'apaisera qu'avec l'âge. En 1680, Mme de Sévigné se convertit à la forme la plus austère du christianisme de ce temps-là, le jansénisme. Elle s'applique désormais à préférer le créateur à la créature, à triompher de sentiments qu'elle reconnaît excessifs et à accepter son lot de joies et de peines selon les ordres de la Providence. Avec le temps aussi, la fidélité épistolaire de Mme de Grignan l'a rassurée sur la sincérité des tendresses qu'elle continue de lui écrire. Mme de Sévigné s'en réjouit, et même des bons moments qu'elle a passés près de sa fille, retenue dans la capitale par un long et difficile procès.

En octobre 1690, elle rejoint Grignan depuis les Rochers, dans l'espoir de ne plus la quitter. Les deux femmes rentrent ensemble à Paris en 1691. En mai 1694, Mme de Sévigné part de nouveau pour Grignan où la comtesse l'a précédée de quelques mois. Elle y mourra le 17 avril 1696. Il n'est pas sûr que la bonne entente ait duré jusqu'au bout. Ses inquiétudes pour la santé de sa fille, alors grièvement malade, l'ont tuée autant que le froid de l'hiver dans un château aussi glacial que magnifique.

Toute maladie suscitait entre mère et fille des craintes excessives et des disputes et des complications sans fin. C'est pourquoi le thème de la santé, aussi étroitement lié que celui de la poste à celui de l'amour maternel, occupe pareillement une place capitale dans les lettres (10 p. 100 des lettres en moyenne). Santé de la mère qui donne de ses nouvelles, santé de la fille surtout, à laquelle la première prodigue conseils et remèdes, notamment entre 1677 et 1680, quand la seconde est le plus gravement malade. Cette crise de santé coïncide avec celle des rapports des deux femmes. La mère s'inquiète pour la fille sans se rendre compte que, très souvent, c'est elle qui la rend malade de scrupules et de peurs.

Mme de Sévigné a une solide réputation de gazetière, et l'on en a fait plus d'une fois la « patronne des journalistes ». Mais il y a ce qu'elle appelle « les nouvelles du quartier » (9 p. 100 du texte), événements dont l'importance vient de ce qu'ils se sont passés tout près d'elle (l'incendie d'une maison voisine, une fête à Vitré, les États de Bretagne). Il y a les nouvelles qui intéressent tout le monde, mais qui touchent en même temps personnellement l'épistolière (comme la guerre quand son fils s'y trouve ; 10 p. 100). Il y a les nouvelles générales, les seules qui soient à proprement parler des nouvelles de gazette (la mort et les funérailles de Turenne). Elles n'ont qu'une faible part dans les lettres (moins de 5 p. 100).

Mme de Sévigné n'est jamais à l'affût de l'actualité. Si elle donne aux trois sortes de nouvelles une place totale oscillant entre 13,7 (1671) et 39,7 p. 100 (1673), avec une moyenne générale de 23,82 p. 100, ce n'est pas parce qu'elle s'attache aux grands événements, mais parce qu'elle s'intéresse aux « nouvelles du quartier », parce que aussi, sa situation sociale et les activités de son fils, de son gendre et de son petit-fils l'obligent à maintes reprises à se tenir au courant de ce qui se passe. Mais le plus souvent, à vrai dire, c'est elle qui crée de la gazette par son art de raconter ce qui l'entoure.

Personnages

La correspondance, dans ces conditions, a deux personnages principaux, et deux seulement, l'épistolière et la destinataire. « Je vous écris », ces trois mots, qui résument l'entreprise épistolaire de Mme de Sévigné, doivent dans son cas être pris dans leur sens le plus strict. Tout s'organise autour des deux mondes parallèles de la mère et de la fille. A Paris, où loge la première, correspond Aix où le comte de Grignan a sa résidence de lieutenant général. Au château de

Grignan, où le comte et sa femme se retirent chez eux, correspondent les Rochers, où Mme de Sévigné va faire des économies et manger ses provisions. Les lettres sont pleines des affaires de l'une et des autres.

Mais la marquise et sa fille sont liées d'affection ou d'intérêt à une foule de personnes, qui ont obtenu par là droit de cité dans les lettres. Ce sont d'abord les membres de leur famille : le mari de la comtesse, le fils de la marquise, l'oncle Christophe de Coulanges, tous les Grignan, oncles, frères et sœurs du comte. Les petits-enfants prennent une place croissante avec le temps : Marie-Blanche née en 1670, Louis-Provence en 1671, Pauline en 1674. Les nouvelles consacrées à l'actualité familiale occupent en moyenne 24 p. 100 des lettres, près du quart des textes conservés.

Aux membres de la famille s'ajoutent de nombreux amis. Certains sont célèbres comme La Rochefoucauld, ou Mme de La Fayette, la préférée. D'autres seraient, sans elle, complètement oubliés, comme le dévoué d'Hacqueville, le philosophe Corbinelli, ou le groupe des veuves auquel elle appartient depuis longtemps sous l'égide de Mme de Lavardin. Avec quelques arrivées et beaucoup de départs dont la plupart dus à la mort, les personnages des lettres s'organisent à partir du double cercle des amitiés des deux femmes, avec quelques rares rencontres lorsque quelqu'un se trouve un temps leur ami à toutes deux, comme Mme de Vins, la sœur de Pomponne.

Et le roi ? Et la reine ? Et les ministres ? Et les vedettes du temps ? Ils ne sont pas absents des lettres. Mais ils sont loin d'en constituer le centre. Ils apparaissent quand l'actualité les pousse suffisamment sur le devant de la scène pour que Mme de Sévigné leur fasse une place dans sa maigre gazette. Alors, elle parle du mariage du Dauphin ou de la nouvelle Dauphine, comme elle parle un moment de la Voisin et de la

Brinvilliers, de leur arrestation et de leur supplice, de Luxembourg et de l'affaire des poisons. Elle n'est pas une romancière qui inventerait des personnages. Elle ne raconte que des personnes réelles. Encore faut-il que leur histoire l'ait intéressée. Son chemin croise rarement celui des grands. Elle ne va qu'exceptionnellement à la cour, sept ou huit fois seulement pendant le temps de la correspondance. De la cour et du roi ou de ses ministres, sauf de Pomponne, qui est un de ses amis, elle ne parle le plus souvent que par ouï-dire. Elle appartient au quartier du Marais où elle habite. A moins qu'elle ne se retire à la campagne. Quand sa fille n'est pas à Paris, elle y vit presque aussi souvent qu'à la ville (255 lettres sont écrites des Rochers, 50 de Livry, 40 en voyage ou en cure contre 347 de la capitale). C'est pourquoi elle parle souvent des provinciaux, en général sur le mode satirique. Elle donne aussi une assez large place aux petites gens anonymes : cuisiniers, cochers, postillons, nourrices, bateliers, ouvriers, marchands, etc., et même à sa chienne Marphise. Ils font partie de sa vie quotidienne.

L'œuvre et son public

En 1665, à la parution de l'*Histoire amoureuse des Gaules*, Mme de Sévigné s'indigne d'y trouver divulgué le portrait satirique que son cousin avait fait d'elle quelques années plus tôt. « Être dans les mains de tout le monde, proteste-t-elle, se trouver imprimée, être le livre de divertissement de toutes les provinces, où ces choses-là font un tort irréparable, se rencontrer dans les bibliothèques » ! Elle avait pardonné sans trop de peine le portrait satirique manuscrit de 1659, connu seulement de quelques initiés. Elle aura beaucoup de mal à oublier le portrait publié. L'impression, par la multiplication des exemplaires, opère un saut qualitatif.

Bussy recopiait ses lettres et celles de ses correspondants. En 1681, il annonce à sa cousine qu'il va adresser à Louis XIV, pour le Jour de l'An, un manuscrit de ses *Mémoires* « depuis 1673 jusqu'à la fin de 1675 ». Il y a inséré les lettres qu'il a envoyées et reçues, et ce sont, dit-il à Mme de Sévigné, « les trois ans de votre vie où vous m'avez le plus et le mieux écrit ». Entre ces deux dates en effet, la marquise avait envoyé quatorze lettres à son cousin, réduites à treize dans le volume destiné au roi.

Loin de se réjouir de la nouvelle, l'épistolière s'inquiète : « Croyez-vous... que mon style, qui est toujours plein d'amitié, ne se puisse mal interpréter ? Je n'ai jamais vu de lettres entre les mains d'un tiers qu'on ne pût tourner sur un méchant ton, et ce serait faire une grande injustice à la naïveté et à l'ancienneté de notre ancienne amitié. » Tout regard étranger risque de troubler la limpidité de l'échange. La signification des textes variant avec celui qui les lit, seuls les deux correspondants sont capables de les comprendre dans leur vrai sens. Leur divulgation, même restreinte, comporte un risque d'erreur que la marquise préférerait ne pas prendre. Bussy tente de la rassurer. Il lui avoue qu'il a adapté le texte à son nouveau lecteur. Il en a supprimé ce qui risquait de ne pas être « du goût du maître ». La métamorphose d'un texte privé en texte public ou même semi-public ne va jamais sans modifications.

Mme de Sévigné mourra sans avoir vu une seule ligne d'elle imprimée. Bussy lui avait attribué l'une des lettres de l'*Histoire amoureuse*. Il l'avait inventée comme toutes celles de son livre. Après sa mort en avril 1693, son fils Amé-Nicolas et Mme de Coligny, sa fille, s'employèrent à tirer de ses manuscrits deux volumes, qu'ils intitulèrent *Mémoires*. Publiés en 1696, quelques mois après la disparition de la marquise, ils allaient de la naissance de Bussy à son exil en 1666. On y trouve, mêlées aux récits et à d'autres lettres et documents, dix-sept lettres du cousin à la cousine et cinq seulement de la seconde. Ce n'est pas encore elle le grand auteur.

Un an plus tard, le fils et la fille de Bussy donnent quatre nouveaux volumes, intitulés *Lettres de M. Roger de Rabutin, comte de Bussy*. Les deux premiers font un sort à part à sa correspondance avec Mme de Sévigné conformément à la volonté de l'auteur, qui l'avait copiée dans un manuscrit séparé. La marquise doit à leur communauté d'esprit dans le « rabutinage » d'être spécialement mise en valeur. C'est ce recueil qui a pour la première fois découvert son talent épistolaire au public. C'est lui qui a donné l'idée qu'elle avait égalé ou même surpassé son correspondant.

Contrairement à l'opinion reçue, la réputation épistolaire de Mme de Sévigné est tardive, et quasi fortuite. Elle est liée à la gloire de son cousin, auteur d'un roman à scandale, homme de goût et académicien français. Elle en a reçu un éclairage qui a souvent laissé dans l'ombre les autres aspects de son œuvre. Bussy aimait en sa cousine la femme d'esprit. La « spirituelle marquise » est née en 1697, un an après sa mort. On oublie très souvent que Mme de Sévigné ne se réduit pas à ce personnage.

Le succès des lettres à Bussy conduisit Amé-Nicolas à demander à Pauline de Simiane de lui confier les lettres à Mme de Grignan, sa mère. On en ferait une copie, que l'on conserverait au château de Bussy, sorte

d'édition privée, que l'on montrerait à quelques amis
en complément de la correspondance publiée. On était
en 1715, et Pauline était depuis peu maîtresse du texte
comme seule héritière de ses parents. Elle accepta et
envoya des lots de lettres de Provence en Bourgogne.
On commença un travail de copie, interrompu en
1719 par la mort d'Amé-Nicolas.

Le manuscrit inachevé issu de ce travail disparut
dans une bibliothèque privée. Mais il y avait eu
quelques fuites. Une copie très partielle et assez fautive
tomba entre les mains de Voltaire et de ses amis. En
1725, ils publièrent, comme une sorte de ballon
d'essai, un mince volume de soixante-quinze pages,
contenant vingt-huit lettres non numérotées, au titre
significatif : *Lettres choisies de Mme de Sévigné à
Mme de Grignan, sa fille, qui contiennent beaucoup de
particularités de l'histoire de Louis XIV.* La marquise
était morte depuis vingt-neuf ans quand parurent pour
la première fois de ses lettres à sa fille. Et l'accent était
mis ailleurs, sur le contenu anecdotique du volume.

On avait choisi les textes en fonction des récits :
arrestation de Lauzun, passage du Rhin, mort de
Turenne, exil du roi d'Angleterre en France, etc. Cette
publication donnait de Mme de Sévigné une nouvelle
image, celle d'une gazetière, à l'affût des nouvelles et
empressée à les raconter. Largement répandue, elle
continue depuis, avec celle de la « spirituelle marquise », à résumer pour beaucoup son personnage et
son talent épistolaire.

Issues des mêmes copies subreptices, deux nouvelles
éditions des lettres à Mme de Grignan parurent en
1726 (150 lettres ou fragments). Dans sa préface,
l'éditeur insistait sur la force du sentiment qui avait
uni Mme de Sévigné à sa fille, notoire pour ses
contemporains : « Chacun, dit-il, la connaissait mère
tendre et idolâtre. » La nouveauté de l'expression vient

de la sincérité de la passion. Ainsi apparaissait une troisième image de l'épistolière, beaucoup plus vraie, celle de la mère écrivant des lettres d'amour. « Ce sont des lettres à sa fille, écrit Mathieu Marais qui vient d'acheter le volume, où il y a plus de passion que les amants n'en ont dit depuis que l'on a commencé d'aimer. »

Cette publication, qu'elle n'avait pas voulue, mécontenta d'autant plus Mme de Simiane que les éditeurs la lui avaient apparemment fait endosser, publiant en tête du volume la lettre qu'elle avait écrite quelques années plus tôt à Amé-Nicolas en lui envoyant les autographes de sa grand-mère. A défaut d'arrêter les éditions pirates, comme elle l'aurait voulu, elle décida d'en donner une dont le texte revu et corrigé aurait son aval. Elle chargea de l'entreprise un homme de lettres aixois, Denis-Marius Perrin. Elle lui remit les manuscrits avec consigne de les expurger soigneusement. Son travail fut si minutieux qu'il ne donna qu'en 1734-1737 l'édition qu'on lui avait commandée (six volumes, 614 lettres). Vingt ans plus tard, il en fournira une nouvelle, remaniée et augmentée (huit volumes, 772 lettres).

Dans la préface de sa seconde édition, Perrin reconnaît avoir non seulement supprimé des passages, mais encore apporté bien des corrections. « Si Mme de Sévigné, explique-t-il, avait prévu que ses lettres seraient un jour imprimées, il est à présumer qu'elle y aurait mis et plus d'art et plus de soin. » Il s'est donc efforcé de « se représenter ce qu'aurait fait l'auteur lui-même » afin d'y « mettre la dernière main ». Il a en fait profondément modifié les originaux, supprimant près d'un tiers du texte et remodelant soigneusement ce qu'il en gardait pour le rapprocher en puriste d'un idéal épistolaire fort éloigné des audaces de la « plume libertine » d'une grande dame insouciante des règles.

En l'absence des originaux, presque tous détruits par la volonté de Mme de Simiane, les conséquences de ces interventions ont été durables. Elles ont transformé Mme de Sévigné en écrivain soucieux de son art, écrivant plus pour la postérité que pour sa fille. Réglée et corrigée par Perrin, elle a pu devenir un classique et fixer paradoxalement pour longtemps, elle qui n'avait été que liberté, le modèle de ce que devait être une lettre.

L'édition de 1754 resta longtemps la seule source des lettres à Mme de Grignan. C'est en 1818 seulement que Monmerqué eut le premier l'idée de recourir aux éditions subreptices de 1726 et à celle que Perrin avait donnée en 1734, qu'il pensait à juste titre moins corrigée. Cette nouveauté intéressa le public et entraîna la découverte d'une ancienne copie. Informe et sans ordre, parce qu'elle avait été faite à la hâte, elle contenait de nombreux passages inédits. Monmerqué passa le reste de sa vie à les dater en vue d'une nouvelle édition.

Il était mort depuis peu quand la maison Hachette la publia en 1862. Fort savante et comprenant toutes les lettres et tous les fragments connus de Mme de Sévigné, avec les réponses de ses correspondants, elle occupait quatorze gros volumes. Elle provoqua un nouvel engouement pour la marquise, dont on découvrait de-ci, de-là une verdeur et une hardiesse inconnues. Son image en était modifiée une fois de plus, sans être radicalement transformée.

C'est alors que se produisit le miracle. En 1873, un professeur à la faculté de droit de Dijon, Charles Capmas, découvrit et acheta six volumes manuscrits contenant des copies des lettres de Mme de Sévigné à sa fille. On les croyait sans intérêt. Ils traînaient à la vitrine d'un antiquaire, qui les avait achetés avec un lot de meubles anciens. Capmas, qui prit la peine de les lire, fut tout surpris de découvrir qu'ils contenaient beaucoup de textes inédits, assez bien classés et faciles à dater, et une foule de variantes de détail. Il s'aperçut aussi que son manuscrit était la source du manuscrit qu'avait utilisé Monmerqué.

Il ne réussit pas à publier correctement sa découverte. Cela aurait coûté trop cher, alors qu'il y avait une édition toute neuve à écouler. Il mourut sans connaître l'origine de son manuscrit, établie par Roger Duchêne en 1968, et divulguée seulement en 1973 dans l'édition de la *Correspondance de Mme de Sévigné* à la Pléiade, cent ans après la découverte des volumes. Des filigranes du papier et de corrections effectuées d'une écriture très caractéristique, il résulte que la copie retrouvée par Capmas a été faite entre 1715 et 1719 au château de Bussy, en Bourgogne, sous la surveillance d'Amé-Nicolas, « éditeur » de la marquise après avoir été celui de son père. Sa mort l'ayant interrompue, elle ne contient malheureusement qu'un peu plus de trois cents lettres. Pour le reste (la majeure partie), on ne connaît toujours Mme de Sévigné que par Perrin.

Cela explique la diversité des jugements portés sur elle. On n'a pas la même impression selon qu'on lit du Sévigné-Perrin on du Sévigné-Amé-Nicolas de Bussy. Dans ce cas, le seul où on parle véritablement de son texte, on insiste sur le mélange des trouvailles de style et des passages embarrassés (elle les appelait des « landes »), des morceaux de bravoure et des développements utilitaires. Et l'on admire un art spontané dont la force vient, ce qui est presque unique en France, de l'aptitude de l'auteur à donner, avec la part d'incertitude et parfois d'incorrection que cela comporte, l'impression d'une langue non pas écrite, mais parlée.

Mme de Sévigné n'a longtemps été qu'un auteur

d'anthologie. Discontinues par nature (on les égrène
en les envoyant au fil du temps), les lettres se prêtent
à tous les dépeçages. On y choisissait de préférence les
anecdotes historiques pour le grand public, ou les
développements moraux pour les élèves. Cette mère
abusive a pu ainsi devenir la plus exemplaire des
mères, et servir de modèle aux futures épouses dans
les lycées et collèges de jeunes filles. Cette femme
guillerette, qui aimait la vie et les plaisanteries gail-
lardes, convertie sur le tard au jansénisme mais jamais
bégueule (au point que sa petite-fille se faisait scrupule
de la voir éditée), a longtemps servi de support à
l'enseignement d'une morale, chrétienne ou laïque,
édulcorée à l'intention des épouses bourgeoises du
XIXᵉ siècle.

A l'occasion du tricentenaire de sa naissance, en
1926, les discours, articles et commentaires ont été
aussi nombreux qu'affligeants. Proust avait pourtant,
quelques années plus tôt, bien dégagé le sens profond
de l'œuvre. Il soulignait ce qu'il appelle son impres-
sionnisme, c'est-à-dire une façon de « présenter les
choses d'abord par l'effet » et non en remontant
logiquement à leur cause. C'était sa façon de marquer
la spontanéité d'une manière d'écrire trop rapide et
trop discontinue pour se soumettre à la logique d'un
discours organisateur. Elle déborde l'explication qu'il
en donne. Mme de Sévigné ne se laissait pas emporter
seulement par ses impressions, elle écrivait aussi selon
le flux de ses pensées et de ses sentiments. Son art
saisit leur jaillissement.

La grand-mère de Proust (qui lisait Mme de Sévigné
dans l'édition Monmerqué) insiste sur la primauté de
la passion dans les *Lettres*. Grand lecteur du *Temps
perdu*, Jean Cordelier, dans une *Sévigné par elle-même*
qui a fait date dans la remise à jour du portrait de
l'épistolière, explique cette primauté par la résistance

de la fille à la tendresse maternelle. Les Lettres peignent un « amour de fuite ». Mais la passion malheureuse s'est, selon lui (selon Proust ?), transformée en passion d'écrire, car les deux passions s'exacerbent, et celle d'écrire a été finalement la plus forte. On retrouve, en termes nouveaux, le vieux débat.

L'idée d'un chef-d'œuvre inconscient répugne à nos mentalités, imprégnées de classicisme, de romantisme et de structuralisme. Nous voulons à tout prix que l'œuvre ait un auteur conscient et qu'il nous ait d'avance désigné comme public. Mais Mme de Sévigné était bien trop grande dame pour penser à nous. Elle écrivait des lettres à sa fille. Cela lui suffisait. Mme de Grignan était à elle seule tout son public, un public choisi, un public de choix.

Phrases clefs

Sur sa tendresse :

Me voilà toute seule avec votre cher souvenir. C'est assez ; c'est une fidèle compagnie qui ne m'abandonne jamais et que je préfère à toutes les autres.

Je suis destinée à périr par les absences.

On formerait, ma bonne, une autre grande amitié de tous les sentiments que je vous cache.

Croyez que de tous les cœurs où vous régnez si bien, il n'y en a point où vous soyez plus souveraine que dans le mien.

Sur l'écriture :

Vos lettres sont ma vie.

J'admire comme je vous écris avec vivacité, et comme je hais d'écrire à tout le reste du monde.

Je vous donne avec plaisir le dessus de tous les paniers, c'est-à-dire la fleur de mon esprit, de ma tête, de mes yeux, de ma plume, de mon écritoire.

Ce plaisir d'écrire est uniquement pour vous, car à tout le reste du monde, on voudrait avoir écrit, et c'est parce qu'on le doit.

Je n'aime point à m'enivrer d'écriture. J'aime à vous écrire ; je parle à vous. Il me serait impossible de m'en passer. Mais je ne multiplie point ce goût. Le reste va parce qu'il le faut.

Sur le temps :

La vie est trop courte, et la mort nous prend que nous sommes encore tout pleins de nos misères et de nos bonnes intentions.

Je ne vois plus mourir que des gens plus jeunes que moi : cela fait tirer les conséquences.

Les jours passent tristement comme gaiement, et l'on trouve enfin le dernier.

Dans cinquante ans, tout sera égal, et les plus heureux comme les autres auront passé dans ce grand fleuve qui nous entraîne tous.

Pour moi, je ne suis plus bonne à rien. J'ai fait mon rôle, et par mon goût, je ne souhaiterais jamais une si longue vie : il est rare que la fin et la lie ne soient humiliantes.

Sur les peines et les joies de la vie :

On mange son avoine tristement, mais enfin on la mange.

On dit quelquefois « Je me veux réjouir pour mon argent », mais vous dites, ce me semble : « Je me veux reposer pour mon argent. »

Mon père disait qu'il aimait Dieu quand il était bien aise, il me semble que je suis sa fille.

Le moyen de vivre sans folie, c'est-à-dire sans fantaisie ?

La vie assurément est fort désobligeante.

Quelques expressions pittoresques :

L'air est un peu scélérat dans cette ville.

Crier famine sur un tas de blé.

J'ai mal à votre poitrine.

Sa main est un creuset qui fond l'argent.

Des petites pluies, qui mouillent fort bien les chemins.

Manger une beurrée longue comme d'ici à Pâques.

Les arbres pleuvaient dans le parc, et les ardoises dans le jardin.

Je n'ai pas beaucoup d'esprit, mais il me semble que je dépense ici ce que j'en ai en pièces de quatre sols, que je jette et que je dissipe en sottises.

Biographie

1596. — Naissance de Celse-Bénigne de Rabutin-Chantal, père de Mme de Sévigné.

1603. — Naissance de Marie de Coulanges, mère de Mme de Sévigné.

1613. — Naissance de Ménage.

1618. — Naissance de Bussy-Rabutin.

1621. — Charles de Sévigné épouse Marguerite Vassé, fille de Lancelot de Vassé et de Françoise de Gondi, tante du futur cardinal de Retz.

1623. — Naissance d'Henri de Sévigné, futur époux de Marie de Rabutin-Chantal (16 mars). Mariage à Paris, église Saint-Paul, de Celse-Bénigne de Rabutin-Chantal, avec Marie de Coulanges (14 mai).

1624. — Mort de Marguerite de Vassé, mère d'Henri de Sévigné (25 novembre).

1626. — Naissance de Marie de Rabutin-Chantal à Paris, place Royale (5 février). Elle avait été précédée en 1624 d'un frère qui ne vécut que quelques mois et en 1625 d'une sœur mort-née.

1627. — Celse-Bénigne de Rabutin, baron de Chantal, est tué dans un combat contre les Anglais, à l'île de Ré.

1632. — Naissance, au château de Grignan, de François Adhémar de Monteil, futur comte de Grignan (15 septembre).

1633. — Mort de Marie de Coulanges (21 août).

1634. — Naissance de Marie-Madeleine Pioche de La Vergne, future comtesse de La Fayette.

1635. — Mort de Charles de Sévigné, père d'Henri (14 janvier).

1636. — Mort de Philippe Ier de Coulanges, grand-père maternel de Marie de Rabutin (5 décembre).

1637. — Philippe II de Coulanges, oncle de Marie de Rabutin, devient son tuteur (8 janvier). Il élève à son foyer l'orpheline, qui échappe aux Rabutin et au cloître.

1638. — Naissance de Louis XIV.

1641. — La mère de Chantal passe plusieurs mois à Paris ; elle voit Marie de Rabutin, sa petite-fille, à la Visitation Saint-Antoine.

Mort de la mère de Chantal à la Visitation de Moulins (13 décembre).

1644. — Henri de Sévigné est grièvement blessé dans un duel contre Chastelet (29 mai).

Mariage, à l'église Saint-Gervais à Paris, de Marie de Rabutin-Chantal et d'Henri de Sévigné (4 août).

Mme de Sévigné et son mari sont de retour de Bretagne, où ils étaient allés visiter leurs terres (30 novembre).

1646. — Naissance à Paris, rue des Lions, de Françoise-Marguerite de Sévigné, future comtesse de Grignan (10 octobre).

1648. — Naissance, aux Rochers, de Charles de Sévigné (12 mars).

1650. — Achat par Henri de Sévigné, avec la caution de son épouse, du gouvernement de Fougères, moyennant 60 000 livres (7 juin).

1651. — Henri de Sévigné se bat en duel contre Miossens, chevalier d'Albret, pour Mme de Gondran, sa maîtresse (4 février). Il meurt le surlendemain.

1657. — Mlle de Scudéry publie le portrait de Mme de Sévigné sous le nom de Clarinte dans la 3ᵉ partie de *Clélie* (février).

Mme de Sévigné va voir Christine de Suède à Fontainebleau (9 novembre).

1658. — Mme de Sévigné fait du cheval au Cours avec Mlle de Montpensier (carême).

1661. — Arrestation de Foucquet à Nantes (5 septembre).

Mme de Sévigné au Mont-Saint-Michel (octobre).

1664. — Séjour de Mme de Sévigné et de sa fille à

Bourbilly en Bourgogne (août).

Condamnation de Foucquet (20 décembre).

1665. — Publication subreptice de l'*Histoire amoureuse des Gaules* de Bussy-Rabutin.

Emprisonnement de Bussy à la Bastille (17 avril).

1666. — Bussy, malade, est hospitalisé (16 mai). Il a permission de se rendre en exil dans ses terres (10 août).

1668. — Mme de Sévigné et sa fille à la table du Roi lors des fêtes de Versailles (18 juillet).

1669. — Mariage de Françoise-Marguerite de Sévigné et de François de Grignan, à Paris, en l'église Saint-Nicolas-des-Champs (29 janvier).

Location, pour trois ans, à partir du 21 avril, par Mme de Sévigné, son gendre et sa fille d'une grande maison située rue de Thorigny.

Charles de Sévigné revient de l'expédition de Candie (mars).

Achat pour Charles de Sévigné, moyennant 75 000 livres, de la charge de guidon des gendarmes-Dauphin.

Fausse couche de Mme de Grignan à Livry (4 novembre).

M. de Grignan est nommé lieutenant général pour le Roi au gouvernement de Provence (29 novembre).

1670. — M. de Grignan quitte Paris pour la Provence (19 avril). Son entrée à Aix (19 mai). Sa réception au Parlement (21 mai).

Naissance de Marie-Blanche, première fille du comte de Grignan et de Françoise-Marguerite (15 novembre).

1671. — Première séparation : départ de Mme de Grignan pour la Provence (4 février).

Naissance à Lambesc de Louis-Provence de Grignan (17 novembre).

1672. — Départ de Mme de Sévigné pour Grignan (13 juillet) ; elle y arrive le 30 juillet.

1673. — Naissance d'un fils mort-né de Mme de Grignan, à Aix (27 mars).
Deuxième séparation : départ de Mme de Sévigné pour Paris (5 octobre) ; elle y arrive le 1er novembre après un détour par la Bourgogne.

1674. — Arrivée à Paris de Mme de Grignan (février).
Naissance de Pauline, future marquise de Simiane (6 septembre).

1675. — Troisième séparation : Mme de Sévigné accompagne jusqu'à Fontainebleau sa fille qui regagne la Provence (24 mai).

1676. — Mme de Sévigné, aux Rochers, est malade d'un rhumatisme. Mme de Grignan accouche d'un prématuré, baptisé Jean-Baptiste, qui ne vivra que seize mois (9 février).
Premier voyage de Mme de Sévigné à Vichy (mai-juin).
Retour à Paris de Mme de Grignan (22 décembre).

1677. — Quatrième séparation : Mme de Grignan regagne la Provence (8 juin).
Seconde cure de Mme de Sévigné à Vichy (août-septembre-octobre).
Mme de Sévigné s'installe (fin octobre) à l'hôtel de Carnavalet où elle habitera désormais.
Retour de Mme de Grignan à Paris (novembre).

1679. — Mort du cardinal de Retz (24 août).
Cinquième séparation : départ de Mme de Grignan pour la Provence (13 septembre).

1680. — Arrivée de Mme de Grignan à Paris (décembre).
Mort de Foucquet.

1682. — Bussy est rappelé d'exil (9 avril).

1684. — Sixième séparation : Mme de Sévigné quitte

sa fille à Paris pour aller régler ses affaires aux Rochers (12 septembre).

1685. — Mme de Sévigné rentre de Bretagne et retrouve sa fille (12 septembre).

1687. — Mort de l'abbé de Coulanges (29 août). Septième séparation : Mme de Sévigné laisse sa fille à Paris pour aller prendre les eaux à Bourbon (septembre-octobre).

1688. — Huitième séparation : Mme de Grignan regagne la Provence (3 octobre).

1690. — Mme de Sévigné, depuis la Bretagne, rejoint directement sa fille à Grignan, où elle arrive le 24 octobre.

1691. — Retour à Paris de Mme de Sévigné accompagnée de sa fille et de son gendre.

1692. — Mort de Ménage.

1693. — Mort de Bussy-Rabutin. Mort de Mme de La Fayette.

1694. — Neuvième et dernière séparation : Mme de Grignan regagne la Provence (25 ou 26 mars) ; sa mère l'y rejoint en mai.

1695. — Mme de Grignan est gravement malade.

1696. — Mort de Mme de Sévigné à Grignan (17 avril). *Mémoires* de Bussy-Rabutin.

1704. — Mort de Louis-Provence de Grignan (10 octobre).

1705. — Mort de la comtesse de Grignan (13 août).

1713. — Mort de Charles de Sévigné (26 mars).

1714. — Mort du comte de Grignan (31 décembre).

1725-1726. — Premières éditions subreptices des *Lettres* de Mme de Sévigné à Mme de Grignan.

1734-1737, puis 1754. — Éditions des *Lettres* de Mme de Sévigné par Perrin.

Bibliographie

Il n'existe actuellement qu'une seule édition complète de la *Correspondance de Mme de Sévigné*, établie et annotée en trois volumes par Roger Duchêne pour la Bibliothèque de la Pléiade, avec index par Jacqueline Duchêne (Gallimard, 1973-1978). Elle contient tout ce qui subsiste des lettres envoyées et reçues par la marquise.

Sur sa vie, on consultera la biographie de Roger DUCHÊNE : *Mme de Sévigné ou la chance d'être femme* (Fayard, 1982), synthèse récente des travaux et recherches qui ont, depuis une vingtaine d'années, renouvelé l'image de l'épistolière.

Sur son œuvre, on lira, du même auteur, *Mme de Sévigné et la lettre d'amour* (Bordas, 1970). La première partie retrace l'histoire du genre épistolaire, mal connue auparavant ; la seconde, l'histoire d'amour de la mère et de la fille, dont la création toute récente de la poste a rendu l'expression possible.

Un vieux débat divise les sévignistes sur le caractère conscient ou non de l'art de l'épistolière. On en trouvera les éléments dans :

CORDELIER Jean : *Mme de Sévigné par elle-même*, collection « Écrivains de toujours », Le Seuil, 1967.

BRAY Bernard, « Le système épistolaire de Mme de Sévigné », *Revue d'histoire littéraire de la France*, 1969.

« L'épistolière au miroir », revue *Marseille*, 1973, Actes du colloque du C.M.R. 17 (Centre Méridional de Rencontre sur le XVIIe siècle).

BEUGNOT Bernard, « Débats autour du genre épistolaire : réalité et écriture », *Revue d'histoire littéraire de la France*, 1974.

DUCHÊNE Roger, *Écrire au temps de Mme de Sévigné, lettres et texte littéraire*, Vrin, 1982.

Un livre récent modifie les perspectives en considérant la vie et l'œuvre de Mme de Sévigné du point de vue de l'objet de sa passion, qui fut aussi la première lectrice de ses lettres : Jacqueline Duchêne, *Françoise de Grignan ou le Mal d'amour*, Fayard, 1985.

Plusieurs colloques ont été consacrés en tout ou en partie à Mme de Sévigné et au genre épistolaire. On retiendra :

Marseille, 1973, n° 95, « Mme de Sévigné, Molière et la médecine de son temps », Actes du colloque de Marseille, 1973.

Revue d'histoire littéraire de la France, novembre-décembre 1978, « La lettre au XVIIᵉ siècle » (contributions de M. Fumaroli, M. Gérard, F. Nies, etc.).

Papers on French Seventeenth Century Literature, 1981, volume 8, pp. 1-162 (contributions de G. Verdier, D. Stanton, F. Nies, S. Guénoun, C. Howard).

Sur la façon dont les lettres de Mme de Sévigné ont été comprises au cours du temps, on lira :

HOWARD Catherine, *Les Fortunes de Mme de Sévigné au XVIIᵉ et au XVIIIᵉ siècle*, Gunter Narr, 1982.

NIES Fritz, *Gattungspoetik und Publikumsstruktur*, München, 1972.

Table

Composition réalisée par C.M.L., Montrouge.

IMPRIMÉ EN FRANCE PAR BRODARD ET TAUPIN
Usine de La Flèche (Sarthe).
Librairie Générale Française - 43, quai de Grenelle - 75015 Paris.
ISBN : 2 - 253 - 04005 - 3